林祖藻 主編

# 明清科考墨卷集

第二十一冊

卷六十一

卷六十二

卷六十三

蘭臺出版社

第二十一冊 卷六十一

和恒四方民居師　宣檣

思裕民之寔期于和恒者益切矣夫和恒居師正所以裕民也而

無一間華采墨

欲明保之豈易功在四方哉今夫福衆者承先之本也保民者定

命之原也予爰從元老誥誡之餘推原德意知其念彼四方民者

接上落下自爾[illegible]

甚深且急矣豈特揚祖烈而答天命哉民氣易動繼世澤猶在人

心而雍熙未奏亦孫謀之替也民風難一雖乃眷既已西顧而德

教未施亦予之羞也凡茲居師公將以予小子和恒之矣謂我

緊跟裕民急來

好和字

以安全之化理而積漸以需德不在操切而在休養也何如丕顯

也繹斯語也是舉剛柔異質者悉奠麗于作基之一日也拮据之

深心于也何忍置之謂裕以吉康之至治而乂道以成德不在依
好恒字
頻而在百年也何如丕顯也繹斯稱也是彝嗜慾異情者慾安集
于中人之一心也撫綏之至意予也寧不懋之異目者交頌胥靖
激揚刻透
可登風俗之良耆乃秬鬯以進曰此元臣之保乂也我文武寔降
格之矣異日者中外蒙休已進耆黎于衽席乃升馨以告曰此壽
纖悉命意
者矣乎格也我天命寔永賴之矣公能無終念此四方民乎

精寔數腴無一懈筆原評

醇深之氣得之漢人無疑

季子然問　一節

紫陽　沈叔眉　少潭

魯論欲正季氏之罪故舉問大臣者以示僭也夫季氏私家也安有大臣哉乃子然舉由求以為問亦知循名以自返否耶嘗思國有碩輔國之光也家有賢宰家之幸也乃不守臣分者其視家猶國而其所錄用之人亦不禁高其品而重其稱雖向正名辨分之聖人而憫然無忌其罪狀悉流露於齒頰間今夫魯有季氏閒於兩社為公室輔魯之大臣莫季氏若也聖門如由求皆為之翊贊其間俾季氏靖共爾位魯之可謂大臣之人又莫季氏若也然而季氏不臣實甚且季氏之子弟大患其不臣之心而效尤亦甚伊

何人厥惟季子然嘗考季子然為平子之子想當日專權竊國罔
上行私其罪大惡極莫甚於是嗚呼安得有克蓋前愆者為其後
兢兢焉守臣分於龍憐哉說者謂天禍季氏必甚其罪於無可逃
即矢諸口而不自忘觀其問仲由冉求可謂大臣君子聞其言之
大而夸即誅其心之侈而險焉侈乎世祿之家多驕志其視韋布
儒生栖皇道左每以收納為榮迷津者而徒問矣適衛者而為僕
矣今一旦躋大夫之庭効微勞於奔走未必非緇帷之生色也此
以知子然之問侈心勝焉險乎奸雄之輩多陰私其視祿歸政逮
國事日非漸藐尊卑之分聲靈而既震矣左右而惟命矣幸今日

得由求為輔用襃賛於私家何處乎憑藉之乏人也此以知子然之問險心生而不特此也蓋淇必舉兩人以為問者殆以治賦為宰並許其才之素裕果敢多藝共稱其政之可從由與求之相為頡頏者殆較之周召之和衷共濟申甫之維翰與屏何多讓焉故特假一問以白其門庭赫奕之思且其必向聖人而致問者殆以治蒲稱善久聞宰執之良用才稱義夙占師中之吉師若弟之深相契合者正不啻唐虞之主臣多喜起商周之主臣多心膂豈有異焉故特假一問以窺夫稱美揄揚之說自有子然之門而知季氏之不臣於君者即不合於天三[illegible]仁之子孫洵乎其微矣

推見子然發問隱情剴切言之話語中的而末節之意已如徐
夫人匕首在荆軻手進督亢圖中矣徐荆聞

季子然 沈

季氏旅於泰　一節

福建車宗師歲入　永春縣學一名　顏毓秀

聖人救非禮之祭使知其無益而已蓋季氏之旅與泰山之享也告以不享非禮不救之救深於救矣且夫權奸之僭祭禮以祈享也享則有益於而家雖越禮犯分而不顧惜無有以無益之說告之者如季氏旅泰山一事（先說泰山靈爽陟見不可妄祭）夫吾魯之有泰山其非徒享飲食之謂其謂鎮茲東國興雲出雨以庇一方福善禍淫奉行天命非其主也莫敢干焉泰山之為靈昭昭矣季氏之旅何為耶豈其雄心好大以一旅修覲羌耶抑畏罪引慝以一旅逐神休耶然此非獨季氏之罪也其臣如（有斡旋）冉有雖未必左右其謀亦未嘗匡正其失微夫子問固知其不能救

矣蜀是吾夫子者傷心於祀典之失既欸補救之無人猶冀當途之

所以有嗚呼一歎

一悟立言之不足而反言之曰嗚呼季之有事於旅也亦為其有益耳

此一開一合

豈為其無益者耶凡祭之義有其誠則有其神無其誠則無其神故

泰山之旅不旅乎為政而神之聽依其分之所屬不依其分之所不

屬則泰山之享不享泰山為政其間天子行時巡之祭則享之牲幣

該享者有所限

視號擬於三公所謂懷柔百神及河喬嶽是也非是而享焉恐與制

禮之意相刺謬其義魯公行封內之祭則享之龍旂六樂事於方望

所謂泰山巖巖魯邦所詹是也非是而享焉且為問禮之予所兼擯

筆□古雅

求乎女視冉求為何人女視泰山為何神其欺朕問禮者何心其漫

論語

然亭發瞀何意曾謂泰山（恰好）不如林放乎要之夫子之於季氏情所亟
欲止有也情亟欲救而責冉有以救冉有不能救而假泰山之靈以
為救後亦卒不聞季氏有泰山之旅斯則聖人之救止奸雄也歟（具眼）

有斷制有識論而筆力極雄健古峭洵非老手不能

季氏旅　頖

金聲　論語

季氏將伐顓臾

丁卯　龔祺萬

大夫之專伐也、師未興而討已定矣、夫顓臾之附於魯非一日矣、一旦而忽伐之、季氏其將以耀兵威乎、古者小國有罪諸侯奉天子命伐之、至春秋而諸侯相伐矣、且有大夫奉諸侯命以伐者矣、甚至有以大夫而專伐者、吾於魯專有感焉、一日者季氏將伐顓臾、顓臾者魯附庸也、顓獨不聞魯公伐之而季氏伐之也、夫魯大夫之擅伐也、自費伯城郎始也、粵自僖公嘉季友之功而季氏因以盛於魯、洎武子作三軍以專其民人、於是三家詛諸五父而季氏日盛矣、紅之蒐也、革車千乘皆三家之師、即季氏耀武之資也、是故桓莊之狩必書公昭定之蒐不言公顯史之伐不必有公命也季氏而伐之則竟伐之矣然則季氏別無有在所伐者乎邾與莒之不安於弱小也不知有魯也故不得已而加之以兵也南鄙子臧之不守其職也不知有季氏也故不得已而借援於孟氏求助於叔孫也然則春秋無有伐附庸者乎邾之屬宋伐之矣且諸侯為宋伐之矣然而鄒振宋也然則我魯無有伐附庸者乎僖之時有須句之役矣文之時又有須句之役矣春秋誅之嚴義利之辨也然而伐之者公也然則我魯無有大夫伐附庸者乎司空無駭之師師入極也大夫專兵以伐附庸之始也季氏其將踵前事

而為之矣。且夫伐者將聲其罪以討之也。哉者小國無罪恃實其罪將恃大國之安靖已而無危藏禍於以國之也。（眼光四射）顓臾方且引領望曰大國其必安定之。勢是顓棄之附庸於魯顓臾實有所恃以不恐然則季氏而伐之其諸攻其無備也其不意者與。豁然顓臾之議成顓臾之師未出也曰將伐者所以大著人臣無將之義亦以見事勢之或猶有可挽也君子曰是在為季氏臣者

熟精三傳比例森嚴辭之明人莊鴻文霏語湛中無以復辭矣

雲巖

如繭抽絲如蕉展葉語之無一不盡之意　歷曾譽

季桓子受之　　梁爾祿

誌受于大夫所以彰其惡也、夫女樂乘之間也、而何桓子受之乎、君

便○輕○婉○兼○題○

子曰桓子之所以彰于此受矣、從來聖賢用于人國非為強鄰之所問

罪為權臣之所沮此治功所以往往難成也、雖然更第有強鄰間之、謀

于外而無權臣沮之于中則其勢猶可無患懼是也、所開之、謀淫

奇○筆○逼○幼○

謨矣、無以臣之、隙然後二賊合而國事斯危矣、一歸此非所

句○道○破○　折○入○題○

以親寡而若以愚寡也、吾意寡之君臣必無墮其、之、而何受之也

入兩○　誇、觀○生○波○

于季桓子、或曰女樂之受不書定公而書桓子為君諱惡也而非

句○法○奏○臺○神○韻○逸

也或曰、受無慮定公不受者書之惡大夫也

而猶未也

子之用魯而知女樂之歸固齊所以間之

子女樂之一事即季所以沮孔子何也孔子桓子之所用也使桓識欲

終用孔子則當女樂之來即定公欲受桓子必且從而言曰此齊所

以嗇誘也拒其無受如是公亦必謝而却之之出于桓

乎哉噫嘻吾知之矣當桓之用孔子非信任高賢也貴而專矣弗

紐而叛矣微孔子則魯且不國而三桓俱無以保其家故欲之用孔

乎國勢之不容已也及桓之受女樂亦非忘貴玩好也郈費而墮矣

盛而閭矣用孔子則公且益張而三家終無以全其室故今之欲沮

孔子亦勢之不容緩也然則為桓子者豈須臾忘孔子而欲儀乎

## 季康子患盜

吳世涵

大夫以盜為患有危心也夫盜何足患患在身為盜者耳康子蓋深有危心哉嘗謂患寡貧而為盜與患飢寒而為盜均盜也而兩相值則患又起矣患夫為盜之人患即出於為盜之人夫至以盜患盜而患無盜矣然推以盜患盜而患滋甚矣如康子是康之魯上卿也盜者法所必誅也魯有司寇將盜是務去夫何必患季有四封而詰其盜抑又何足患而康子患之無已者非不知其術可以禦盜也其勢足以除盜也蓋自知身為盜首而緫緫然有自危之心焉何則魯無盜魯有盜季倡之也溯自先公開國雄戎並興

爰是有費之誓小民聽命無敢寇攘踰垣墻而盜遂以平逮至閔僖泮宮作而淮夷來服鴞音可懷猶想見克廣德心之治焉定公時吾子以中都宰入為司寇聞人之治淑問如皐中外帖服夫安有所謂盜者曾多盜實自季氏始且季氏之先亦有能除盜者矣襄者莒僕以寶玉來奔公命與之邑文子使司寇以掩賊為藏盜器為姦數言詰之因出諸境蓋其忠於公室家無私積之風有以杜姦宄於未萌者奈何行父盡忠宿也弗繼庶其自邾來司臣自鄭來一則妻以公姑姊一則為置諸下身秉國鈞為逋逃藪無怪乎盜賊充庭而剽奪盈途也且夫武子之蓄盜武子之好盜也何

至康子而猶患之哉武子之時季方強脩之心方將聚群發以戒其盜國之勢故其於盜也治之寬康子之時季漸衰肥之心方悔擁重貲以致有苟盜之從故其於盜也慮之急當日者脩守備而盜來於境外矣取寶玉而盜起于蕭牆矣治盜反為所詰而盜更熾於國中矣康子身為盜首欲如萑苻之攻則蕭圍之釁恐復起欲為詰治之謀則武仲之言已可鑒盜于國不足慮盜于家則可憂盜為亂治則易懲盜為效尤則難禁在康子真有去之不可詰之不能而總者惟恐負乘而致寇至也患之云者蓋危之也

拈康子自危立論坐實欲字與下意自相脗合詳明堅確豁類

兩浙丰院會課二刻

大樽原評

季康子 吳

論語

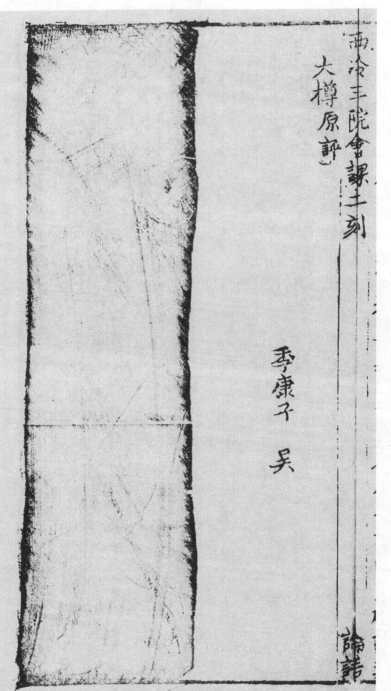

季康子問政　二章

朱啟秀

正己而政之本立，無欲而盜之源清也。夫民之不正而為盜者，由上之不正而多欲也。正己以正人，不欲而不竊，此夫子正本清源之論。康子知之乎？嘗思民頑而不能化，民貪而不能廉，非盡民之無良也。小民咸知效上，而率物在於整躬，則勿謂上有求於下也，亦謂下自有求於上，而上必反求於己。夫上之體統情勢，非必恃民而尊，而感應之理，未有不由主極之建而納於軌物之中者。上之清心寡欲，原非為民而設，而從欲之治，未有不由鼓舞之神以致乎風俗之厚者。夫子所以因康子問政而告以為政之本也。紀綱法度，寧不足以束

（斷然亦蘊藉）

（原泙湃前渾參天崇如建瓴水于高屋）

（仍自斬截）

本朝考卷會真集　論語　涵碧齋定本

新民然上自軼其性情民遂自生其邪僻則民之不正上實先之故（又而只大綮說不指斥康子）
康子弟在政以義明而正己急矣有帥以正而民敢不正乎夫子所
以因康子患盜而告以清盜之源也明罰勅法寧不足以制奸宄然
上自恣其饕餮民遂自肆其貪殘則民之為盜上究誨之故康子弟（得體）（原評附）
使己之欲淡而廉恥昭矣則雖賞之而誰肯為竊乎蓋最難馴者民（為擒王張明手腕何用危許）
之敢心也心有所敢則名分以敢而亂刑罰以敢而輕嚮欲以敢而
橫為政有正己而有以消其敢心焉則準繩設而民不佻規矩陳而（加顏正譜）（原評何必奇亦刺除鐵）
民不敢反越畔之與而遵王路此其權專屬乎為政者之一身最難
制者民之欲心也心有所欲則飲食以欲而縱訟師以欲而生紀綱

與比肩往無所師來無可藉任天而動爭光日月而固非離世俗以空寫自見真魁
爲高不求諒於當時不欲原於後世率性孤行與天地參而能無憾原評到此
仍不走題氣
百世而相感一至哉泰伯迄今訪採藥之遺蹤弔文身之舊跡亦安得
不爲之翬然高望也

題故突過語逞才撫塞則下文無餘地矣似此凌空起義亦復何
嘗不照下然冒將題而作找足語否故知須範我馳驅乃不爲泛
駕之馬　原評

八脉本體非聖賢語氣則此評乃一定之法也先正文篇篇如此
近來如癸未王會元無聞篇人盡推之亦豈有他道而童子場中

竟無有窺尋及此者乎。竊惑之。舉一反三。是所望于好學深思之士。潤〃

季康子問政　三章　其二　評擬照　鐵嶺一尊季試第　宋兆元
偉觀集選本　田縣學三名

為政者正其欲而民斯善矣蓋不欲而身正矣欲善而身亦正矣一正已而民焉有不善者乎何盜之足患且國有大政君子先之而衆小人則之也是故驁利不如導善而正已先於正人我魯季康子非所稱從政君子乎胡然而政事日非盜賊繁興民多戾行豈民之敢為不善乎意者其身之不正也實甚何也從政者先自正已已正而型端型端而民從雖盜民皆善民矣尚何不正之足患哉且夫民何足患患上帥之為盜耳上以奪嫡帥於家而家患盜主上以竊柄帥於國而國患盜臣君子曰盜民不殺善民不作其民曰大盜不殺無

括盡全題

逗下二節

跌落大節勢操縱飄忽

入末節尤不測

道不息皆此不正之欲為之斷也則盡以正為道以不欲為倡以善為風以從善之民為草上無偏陂貪欲之心民有率從至變比樂斯時雖下賞民之認為國中慕一流而民寧棄賞從善矣則欲下一殺民之令為國中正一不善而民早已有善無惡矣否則已實不德而徒鰓鰓焉求之於民是直以不正之身從政以盜患盜以無道殺無道耳如正人何。

收到上六節好關鍵

三節一串打通

擧快

辣手

起處閃爍似有風雷奔赴腕下。　會伯黃庶聞

文奇而横。直令季康逃身無地。磔鼠文想應如是。　會伯林姬吉

熟于先輩牽搭之法。逆往順來。變化無端。至其遺筆穴古峭奇横。

季康子問政　二章

江南鄭宗師歲考　崑山衛學二名　陳國楨

正己以清其欲政本端而盜可弭矣夫康子有帥民之責者也己則不正而能使人正乎己則多欲而能禁人竊乎乎啟厲階而痛詔之今夫為政而不本諸身（弘敬）無以端風化之本為政而不清其心無以絕貪饕之源苟徒責之下而不使表率在我則雖日討國人而訓之而下之不率者且有以窺上之隱而無所忌矣（頌弓老）昔者季康子問政于孔子其意固欲正人也而不知正之本在乎季康子患盜問于孔子其意將以止竊也而不知竊之源起于心苟則先（總提二比乃大手筆識高于頂）王立政上有整躬之主下有率屬之臣而並朝廷以正百官正百

肯以正萬民將使風俗出于醇良而何自有不善不測之患以勸（兩○比）
（知○六○比）
我舍中軍時而作舍公室至于四分君失其政而務于臣又失
其政而制于下以致開闔無所則微而胥化于竊鉤竊國之風下
起不正固其所也魯之多盜不亦宜乎以爲開弼若必審夫政
（品○○○立）
之所由名而患盜者必究夫盜之所自起政所由名者正也內以
正其心術外以王其設施威爾匪彝寧遂以此爲視民之表然而
上實帥之矣無踰分之衆則僕飾可風無過制之求則官義可法
（熟○敍○不○宜○詳○得○透）
纖有踰閑蕩檢之人必不能于執政劉方之月復行其頗僻望夫
市而歌不敢詬惕于刑威哉亦惕于德威耳蓋所自起者欲也欲

莫著于嫡庶之反常欲莫甚于妁妾之不循于服予求寧必無所
以防民之術然而不塞賞之矣濫觴之源不行則閨正淫濫似懸
盜餌以為招徠匿之法未正則與馬宗姬且錫盜魁而相銷惟守
不貪為寶之義庶使草竊奸宄之流翕然其不變匿奸民戒畏鬬
知豈莽于其間哉亦莽于其心耳盡民望上之正更切于其自為
正教令之所即後氏患上之欲爭甚于其室己欲故化之而必率
大臣何可無澄源正本之功欲以正自克必改三家之舊而爲主
身以底民愚遏欲于中必循自乘之常而勉已乃以善修君子所
貴有是心易慮之寶乎師以正而莫敢不正也乎之不欲而維

不竊也。守其訓可以繼魯而有餘。遺是言即欲保家而不足。孔子之對維吳協旨則愚也。柰何康子再問不悟而又求以殘民者自撫其失哉。

鬆局止大照嚴肅皇嶷之顏柳書法。全是筋力過人。薛上賓

按切時事以立言。氣勢骨厚力大思沉。而結局之妙則又如讀城易池無可攻之勢。

季路文學

江南許宗師科　入建平三名　吳成志

兼者足以任政文學又不可少矣、夫季路特不足于文學耳政事固其所優也然而文學又曷可少哉且自古慮既有爲之畧固學士所入手便能擒題深期也然而奏績之餘莫不以文治治天下後之君子苟稟姿強毅克奮迅以圖功識者固偉之及覩夫彬彬之風又不勝神往焉青衿陳然之後固天之固抑吾黨經濟之才而使文人學士大不得志于取下綜快當時者也雖然人誠負才維患湮沒乎爲託政事之科既衒斯一復有季路一夫季路非所稱有勇士哉吾觀國家遺大投艱之事往往不發上俱見筋節能得之溫文爾雅而毅然有爲祇在剛方正直之儒乎路而懷抱利

會卷精神集　論語

鬱鬱不得志固已傷矣而又率彼曠野責之以兵戈顧不甚哉然
而由固有勇士也率其兼人自喜之性以追隨于縲紲險阻中雖不
二合上反法者
得與顏閔予賜諸人同列于德行言語之班然而布政優優非鮮齋
〻〻變下反有鬼斧神工之妙
事大畧與冉有等使其深之以學問養之以性情澤以爾雅為由須
馬不學無術吾知免矣又胡為使後之人過陳蔡之墟想其風軌而
同英武則有餘文學則不足即[illegible]文學于當日亦極難耳琴書無
造句秀
幾幾喪于干戈禮樂依然半淪于戎馬一旦使讀書稽古之士抑鬱
挽韓老
攝聊奕世而下猶且悼之況身當其際者乎毋勇往不平之氣所為
負戟而長嘆者也雖然文章不著不足生道德之輝學業未純遽足

戒賢豪之色。倘吾黨之士。一旦而羽儀乎王國。政教被于一時。文采表于史冊。由其愉快而無慚乎。吾知子路必曰。人各有能有不能。夫子所有刪述。由固未能贊一辭矣。（結句韻）

短音勁節。自足動人。殊覺繁多濃穢。原評

首尾聯貫。直如無縫天衣。神明乎法度之中。變化于筆墨之外。此落題中聖手也。

季路文　吳

侍食於君君祭先飯

紫陽潘　瑋

即侍食以觀聖有預遠于客禮者焉夫曰君祭則已不以客禮侍臣矣而子猶必先飯者亦謂侍食之禮固宜如是耳且夫禮始諸飲食延祭徧祭報本者不忽其微而禮重于君臣同等降等引分者必嚴其大是故有時君雖率其報本之常臣猶自循夫引分之意分之所在心必稟也儀必謹也若是者吾得觀子之侍食于君夫食禮與燕禮異燕禮主于飲食禮主于食然而食亦有異其在公食大夫禮設饌加羞公置醬湆束帛以侑卒食會飯此禮之常也故其禮膳宰不為主人公亦未嘗食禮曰公揖退于箱所以安

賓也維時祭韮菹于上豆之間祭肺祭羞祭黍稷稻粱臣自徧祭
之君無與焉卒食捝手再拜稽首以醬湆退豈夫子而或異顧此
明若列眉
乃食聘賓固謂之食于君而不得謂之侍食于君侍食者君固不
以客禮待臣也或每食之頃君方食爰命臣食則用六穀脩六牲
君自安其日再食之常嘗遠食嘗近食膳夫亦自循其品嘗食之
典禮曰每食必祭君祭臣不敢祭也君不客臣故君祭臣無敵君
庄勇所未見創
故臣不祭玉藻有之若有嘗羞者俟君之食然後食夫子又豈異
請出主人翁
是然而士相見有曰君賜之食君祭先飯則未嘗以君不客而即
自安也且猶若恐君之客之而預以遠也我夫子用是凜凜矣念

君既以授餐榮之。而復于常享及之。加惠誠為渥矣。夫燕侍食于君。子先飯後已。當賓主之綢繆。猶自凜先後不爽之。則乃天威咫尺。而顧曰式禮莫愆乎先飯者。不以君不客而自寬也。大君自循豆間之素。小臣儼退授祭之班。若曰幸分玉食之餘馨。何待命之食。然後食也。蓋不必斤斤于餕君餘餕上餘之恒制也已。且君不以賓客遠之。而轉于尚食近之。寵榮幾與數矣。夫侍食于先嘗與爵者後祭。先飯當降等之周旋。猶守尊卑不踰之分。綌堂廉至重。而顧曰禮儀卒度乎先飯者。唯恐君之客之也。雖有膳宰之在列。捴殊嘉賓之式臨。若曰幸君每飯之不忘。豈猶俟命之祭。然後祭

陪筆精到

構思多變不是尋行數墨

十刻四會手選會課　論語

也蓋又不同夫訓共儉示慈惠之鉅典也已噫即一侍食以觀聖真千古人臣之極則也夫

條分縷析引据詳明考核者遜其風神華贍者無此筋節　原評

侍食　潘

使子路反見之　王際虞

欲挽遁世之思者因有反見之使焉夫丈人之行與夫子不相侔也（同口便汁）夫子曷為而使子路反見之非欲挽彼遁思乎且夫人惟絕人而逃（長○幼○之○節○二○句○已○挽○去○使○字○情○由）世也則其人久已自外于名教雖聖人亦不能施其挽回之力乃若其人猶非遠于人情而竟托其業以逃焉斯則聖人急欲得其意而通之也如丈人之為人夫子既知其為隱已則撥諸用世者之心不（反一段折入有勢）大相左乎吾意夫子于此亦惟悵然嘆息悲用世之無人而與長沮桀溺輩等類而齊觀已矣寧復念其人而徘徊不置哉乃爰稽其時（呼起下六比意　二比歷下不露長○幼○之○節○）則固使子路反見之何歟蓋以丈人雖寄跡于十畝之中而觀其一

下二比緊承旅君臣之義見使字之原本

堂聚處父父子子覺家庭愛敬之良猶存天性大人雖托身于草野之間而跡其一室言歡賓賓主主覺宇宙觀遊之風尚在斯人所可異者鬱執而勃通一若家人父子之中無他事而不獲有推類盡餘之思所可惜者得此而遺彼一若存賓式客之外無別闢而不能有

二比緊因其麟而使之不棄見使字正意

固端竟委之想使得人焉為之指其失而告之則知人世中之不容

三句并寫影業其身一身起

已者固不獨周旋晉接之文而不得以道遺物外者隨于古彝常之

一人句

統使得人焉為之因其明而慕之則知斯世間之不能謝者蓋大有

并點得君子之化兩句起　二章紀

股肱耳目之寄而不能以見識明決者彌生平負荷之志此則夫子

明前六比意與何殊二字相應

使子路反見之之意也然則夫子之屬望于丈人者深矣子路之於

達夫子之意也急矣自有此見為丈人者處據其明于長幼之節者而漠然于君臣之義之不可廢也而孰知子路至丈人則已行矣

夫子所遇如長沮桀溺輩佳多並不如此留意只緣子路述及見其二子一事知其猶在人情世故周旋欲即此以打動其君臣之義以破其執迷之見下文子路識語原是夫子使時所授情話則

作此斷空以招隱浮詞了事便失使字之情由文全舉下作題之來踪去路明眼獨到此等意旨雖屢經名人有之不意外第乃于童子試寸晷成之真天才也　余峰蓮

使子路反見之至則行矣子路曰

來文燨

欲見而不得見賢者之情見乎辭矣夫反見之使必有所以告丈人無如其已行也乃子路固不能默也且天下不可與言人亦何煩聖賢之殷殷往反哉然不可與言矣或未始不可與見之之而與言之則猶可與言也乃至欲見之而終不得見之斯其不可與言矣顧聖賢視天下無不可與言之人故雖過不可與言者而亦以可與言待之一說在夫子子路之于丈人已夫丈人既為隱者而吾獨惜夫子不得親見之而與之言也而吾又惜乎子路難亂之之而未聞有所言也使當始見時即為之反覆解釋丈人或且翻

然而行轡躑躅而至圃吾徒以拙夫子俱未可矣而何事于明月之
反而何事于夫子之使惜也子路雖親見之而未聞有所言也乎
是夫子不得親見之而急欲與之言也以為就其所明開其所蔽
彼且頹然趨也子路亦謂就其所明開其所蔽我試重相訪也而
于是子路反矣而于是子路至矣孰知丈人斯時則已行矣丈人
之行先乎子路之至丈人固明示以不可見子路之至後丈人之行
子路又以知其處此反爲夫子使之之意亦及為丈人白也而夫
子使之之意又幾爲丈人笑也反而見丈人者有反而覲夫子已
耳尚何言哉尚何言哉而子路于此徬徨四顧急欲一吐其胸中

所欲言。而子路言矣。其言也。有不忍言。有不忍不言。有不必言。有不必不言。且有為丈人所樂聞者而言。有為丈人所不樂聞者而亦言。若惜之。若諷之。若教之。而子路言矣。言之而丈人聞之。子路意也。亦夫子意也。言之而丈人若罔聞之。非子路反見之意也。亦非夫子使子路反見之意也。而丈人之行竟在子路未至之前。（伏應一片）哉。吾于是歎夫子之使為徒然也。吾于是悲子路之言為虛擲也。

因題運神一往情深。循諷數過。如見江山在望烟雲滿紙。戴田有

首尾一片。出落安放處有法。亦復有筆韻有帶

只夫子不得親見而與之言一句。已將題目首尾貫成一片。中

問至則行矣句。一氣來勢點出。直翻起子路曰。不另作層次。軌
靈勢緊。所謂出落安放之善也。學者苟此等題文字姑未深求
間儲之致。先使諳習機法。則此文固其指南車也。張岳未



使子路　來

使天下之人　一節　　冷宗昱

承祭者之知乎、鬼神有使之然者也、夫謂鬼神如在、而齋明盛服以祭之、非鬼神有以使之而然乎、上今鬼神安在哉、郊焉而降矣、廟焉而享矣、以為人之有以致之也、而不知夫致之者之人之實為所致（何杜從范氏有其誠則有其神之説翻出）是故心怵而奉之以禮、此有由然者也、夫鬼神果安在哉、鬼神無不在也、智有所不周而畏之者、小人也、雖足以不惑而敬之者、君子也（從畏有便有言翻出使字）此其畏之敬之之故、自生于其人之心焉耳、于恍惚中何與哉、然豈以夫洞脊萸之然者盛哉、鬼神之體物不遺也、蓋吾見夫天下之人之承祭祀者、參其為天地之功用、欲祭之誠是也、然彼特氣之為焉

而已矣非真有所目口體之與人同也非真有與旗服物之異而行
也而必謂夫祭之時果見有鑾輿端拱于其上者又見有或坐
或立各以其班相從于其左于其右者訑厥神矣然吾見夫天下之
人之盛服將事者必不苟慮乎是不苟動忽望其上而有所嚴焉忽
望其左其右而有所嚴焉若必以為此其閒特空虛之地也洋洋乎
夫孰使之然也其為祖考之精神于祭之誠是也然欲其氣之散也
已久矣未聞其或憑諸人以存恤其後也未聞其或降厥家以室制
其事也而必謂夫祭之時果見有東向獨坐于其上者而又見有
為昭為穆各以其序就食不亡在于其右者乎祖矣然吾見於天

下之人之盛服入廟者也不〻下自肆不絕于〻下愛望其上而若〻遇
拜焉愛望其左其右而為之拜焉必非以為少其間特獻酬于尸也
祥〻乎夫孰使之而然也且夫鬼神正不使天下之人諭也彼惕人嫌〇引
〇日〇公〇乎〇正〇大〇所〇當〇祭〇之〇鬼〇神〇外〇又〇淵〇出〇之〇僧〇何〇其〇詞〇之〇發〇致〇死〇
諭者豈必其光怪之不能為厲哉而一旦荒絕于守正之人而亦忽
〇之〇則〇其〇鬼〇不〇神〇之〇說〇
歟以亡而魯是兆以為神乎夫衆其為神也實其聰明正直蓋絕不
為人諭而自有以潛驅陰率之焉故曰盛也且夫鬼神又不使天下叔孫使等
〇朱〇子〇奪〇言〇之〇
之人近也彼與人近者豈必其一時之不能歆食哉而無何已漸滅
于冥漠之中而自同歸于盡而豈夫人所當祭乎夫衆其當祭也談
為廟祧壇墠蓋絕不與人近而常有以鼓舞感動之焉故曰盛也一世

之人得吾說而思之可以知鬼神之情狀矣
亦根柢語類爲多當其請禱直自紛從容祭統祭義間此藹先生
凌空寫一段事不着一字灑解粹然儒者之言也

使天下　岑

使民如承大祭　丁巳　周玉章

敬存於使民而心無事不容矣夫必承祭而後敬則其他之不敬者多矣乃推之使民亦如之又何事之不容哉且人心之不敢不敬者謂有臨之在上者耳至我臨乎其上而稍稍自便亦人情乎夫易遲者勢難操者心心苟存存不已則上與下雖易其方而幽與明且一其理非然者寄焉而忽蹤必蹈未嘗容焉者也是不獨驗之出門已今夫典之至重者莫如祀事故一念隕越工祝即致其糾繩乃有時而責望者轉不於此苛求也直子以有孚顒若之誠而因欲援之以為例曰是固其所明也誠之難通者莫如鬼神散

仁孝常昭萬物盡蒙其福澤乃有時而窺撽者若猶未為滿志也
偏離其執事有恪之地而必焉合之以恭觀曰是早已相忘矣蓋
至使民如承大祭而敬之全量可知也夫使民之與承祭其勢相
懸事亦絶不相蒙而其敬一焉則亦有說凡人有所攝而始敬必
其無所攝而敬將渝矣若夫不攝以靈爽之式憑而攝以情神之
縝秉雖民岩而亦知顧畏也是不必果為之緦無形聽無聲而即
其喜慍不敢憑私威福未嘗寻作準之奉戚以告之情不嚮也故
臨朝則全乎君入廟則全乎子此物此志也一無所格而不敬即其
有所格而敬亦僞矣若夫不格以馨香之外薦而格以心志之內

乎雖匹夫而亦屢乎尋也蓋死在不見其愛有存戀有著自不敢
違道以干譽拂民以從欲例之質明行事之時未過也故須於輿
人曰生民父母告之祝史曰有道曾孫是二是一也從來敬天者
前四比從分處講入合○處○此○又○從○合○處○說○入○分○處○行○文○如○龍○蛇○抵○不○住○
必勤民則使民承祭本屬一理然以為人本乎天而后敬苟行一
政而未至奐陰陽之和我不敢知矣使民者亦第知有炎耳豈吁
吾將以答南郊之執玉哉而微窺其一時馭朽之心以想其終身
集木之意嘐成民事神何死異致乎抑尊祖者必愛民則使民承
祭原自相因然以為物本乎祖而后敬苟發一令而未至秦讀烈
之規我又不敢知矣主敬者亦意尊使民耳豈曰吾將以慰明堂

周

之酏祀哉而特欲於頤指氣使之易疎以繞觀其謹小慎微之必備覺廟中境內真無殊象耳使民如此其他類可知矣此仁者之存心也

一句寫出敬字全身又却只是一句文如翻水成綄綄無痕迹

紀曉嵐

不離于切離於脫見全神于半面半面即包千百面于心上討得定盤針如字自不死煞可與正希作匹休

殷兆燕注

使民盼盼然　轉乎溝壑　滙海集　劉勸

極取盈之弊貢之不善使然也夫不得養父母民之恨已深矣
又因貸益以困乎老稚非取盈者孰使之歟今夫民之熙熙然
耕鑿自安庭闈相慶者夫亦以七十以上上所養十五以下上
所長焉耳不謂既勞手足猶嗟俯仰之無資欲餐須臾反致公
私之交迫則道路以目流亡相告誰為為之孰令致之也耶寡
取取盈夏季之貢法也然吾觀夏先王一遊一休補助春秋民
之父母介眉春酒民之老幼饁耕南畝食我農夫利彼寡婦不
擾吏胥不驚豪右猗歟休哉何治之茂是豈非為民父母使之
然乎孰知有不然者怨咨已深寒暑而棠廉甚遠莫蘭交謫於

窮簷則宿憤未伸積之於心者必形之於色流離雖徧道塗而
敲撲相隨孰恤凋殘之民命則積威所漸自得而視者口不得
而言民之盻睞誰使之然乎噫民也何為而盻盻然乎一身之
飢寒莫恤惟望承歡菽水得告慰於高堂今勢危矣坐窮廬而
念息誰非人子何由可藝稻粱三時之水旱交儆敢信誼篤解
推可疾呼夫將伯今事急矣何富室而叩門孰是高人市義不
權子母於終歲勤動不得以養其父母而求益者未已也又稱貸
焉是累有重加不令老稚轉乎溝壑不止也悍吏之來鄉也其
父母亦憂繫累欲究正難特低首於豪門非不知暫弭猛虎之
苛愈鮮牂羊之飽也夫入告流民蠲租或逢明詔久虛爨火焚
務難望權門又安問夫北里靡豐而荒天府者去其半償太家

者又去其半樂歲何異凶年乎筋力就衰尚痛殘魂之餘襁褓匍匐詎知餬口之謀嗟彼老稚亦復何辜而竟使之顛連如是哉樂郊而未適也其父母難以遹逃欲緩追呼乃乞憐於巨室非不知稱貸剝膚之痛難期殘息之延也夫催科難重後入者未有倍徵索負莫償久稽者且因增息更何論夫西成不害而供君賦什之三既私債且什之七寡取何異取盈乎白首鰥嫠爰疇爲之誰止垂髫襁褓知識附之終結誰無老稚能不動情而忍使其呼號莫援哉溝壑之轉民於失養之時已爲老稚竊竊慮之矣不然凶年所時有也民敢以終歲勤動而轉爲盼盼然哉

使自得之　民如此　滙海集　姚兆元

自得而更有進也可以知聖心矣夫既使自得而又振德之則率教更不獨興養也聖人之憂民誠如此耳今以民之性無或漓並氣無或懈已足見為民之心盡矣然非由復民性者而期於作民氣以遞觀其警惕之殷懷幾若事有未全者心或有未切而求治之方不見並輔治之功不見即尚論先朝者所以默窺其圖治之神亦無自而見勞來匡直凡以為輔翼吾民者聖人蓋誠憂民之不自得也誠憂民之不自得而期其得尤或防其不得也於是繼申之曰使自得之又從而振德之謂性命由於各正何以顓氓知識必待涵濡既久而始暢其天則知作始

維艱圖終尤非易也而防檢有倍嚴者矣謂秉彝共此降衷何以愚賤心思必待教誥多方而始端其化則知功歸誘掖尤術進提撕也而申儆有必切者矣蓋既使之自得又從而振德此在教無弗盡可以見聖人已而不獨教之必盡可以見聖人已在當日還量之周因其辨然而期於有成更因乎已然而防其忽敗雖正民之德者原不徒厚民之生而亦以層累遞加惟恐全量之猶虞偏廢而後人推原其隱因一端所存而有可共見即因一人所在而有不盡知矧瞻民之身者正因以復民之性則凡在神明首出孰非一日之廑以萬幾是由教而合諸養聖人之憂有可見者時已至昭明平章則萬類斷無不齊之風氣即不曰自得何若又振德者何若豈復等艱鮮播奏之始事事胥

繫宸衷也而乃教思無窮猶不欲為小就祖安之治愈可知溺焉由己飢焉由己雖大利之既溥在聖人憂危獨切未嘗苟且而謀旦夕之安也今即時會攸殊猶可默以相契焉而知其誠如此夫時方切都俞吁咈則一朝胥本交儆之神明即第曰自得若斯又振德者若斯不必憶懷襄昏墊之初隱隱亦徵治象矣而乃訓詞莫釋方時慮夫父詔兄勉之疏更何論熙載有人亮工有人溯景運於中天凡聖人憂慮方深悉由咨警而勵修和之治也今即風徽既渺猶可引以相證焉而知其固如此夫因教以知養祗為憂民計也耕其暇焉否乎

第二十一冊　卷六十一

使於四方不辱君命

崇文　高　瀾　荻浦

才堪任使當無忝君命矣夫才不足為耶有守亦曷足貴使四方者尤當免於君辱哉且儒者之所為既思不辱其身尤當不辱於君夫人蕉隅自重生平之砥礪綦嚴一旦出受主知重膺君遴身之榮也亦國之休戚寄焉求躬有素者詎容隕越以貽羞耶知行已有恥固已然立品貴乎立功有猷本於有守出而國君不甚重乎能任使哉備皇華之選教以諏諮則辭令之嫺非細也况王臣之內有干戈樽俎之間尚折衝四國馳驅何以邀先君之福歌鹿鳴而來無愆升降則禮儀之度猶淺也夫小國藉以衛于城大國

以之雄角逐一介周旋何以增敝邑之光是四方之有使也而君命之辱與不辱繫焉矣萬不至登讓人先歸逡逃避而以畏葸者深洵中具有手神遺君命於草莽也當猜嫌疑忌之中弱而不振固非所以事君然示強而授手及從事將奔於陂陀其亦貽大雅之譏矣夫間問論志時聘結好古名臣寧無委婉以求全者而顧以一偏之私見致國威之日替乎則經營四方固潛修者所當自謹於平素萬不至聞賦不知歌詩不類而以淺陋者置君命於弁髦也當艱難險阻之間私而忘公固非所以任命然激公而犯顏見執勢將比於寇冥度得似尤堪泰其亦貽大君之恥矣夫民由詞協物因言知古賢臣寧無甚酹

以盡善者而顧以一意之孤行致國體之少虧乎則綱紀四方固
自謹者所當素裕於生平則承君之使也其果若何而能不辱哉
當世務講才辯如衛與蔡先子魚固一世之雄然藉轉陳圭之下
將君之命貴有以彰主之賢也而欲以口舌爭本名節以成經
齊使人不敢玩者尤使人不忍欺將小大輯睦而兩帶齊兄弟比
絕妙風神
安而儷無吠宗社之式憑以爲此圭璋之選也而行人文章采式
膺奚斯世尤尚要盟即魯爲齊弱曹沫亦一時之傑然頻言紛競
之日達君之命貴有以存國之體也而顧以氣激取乎本經法也
知時事使人可畏者尤使人可懷將增藏惡也而不敢違背藩身

西泠書院會課二刻

也而不敢予鄰邦之感動以為此禮樂之華也而義后之聲靈肅

著焉為士者其義以加於此乎

不須藻繢滿眼而清新之致正如初日芙蕖天然可愛

端莊雜流麗剛健含婀娜周茀堂

陸於 [illegible]

使契為司徒教以人倫

擷藻集　楊延俊

繼教稼以明倫司徒之責重矣蓋人所重者倫也教稼而繼以明倫此司徒一命所以終及於契哉且周禮設官之法遠祖虞書而司徒一職實以養兼教焉一似教民之事有兼攝無專司矣顧寓教於養者後王所以施利導之功別教於養者上世所以重敬敷之命專其任而董率有方上以副一人之咨命即下以全一世之秉彝焉飽食煖衣之衆聖人以無教為憂憂人之無教實憂人之無倫也而正憂教之者之無其人也惟然聖人更有所使焉五典之從也倫曰察而知徵其大似教民者惟舜為宜顧以身教未及以言教也故生商有瑞天亦若恐民彝之

終泯篤生一人以作之師九疇之錫也倫曰叙而民協其居似
教民者又惟禹為善顧有分教不如有專教也故繼稷設官帝
亦甚憂人紀之不脩別簡一人以勸之學曰咨汝契汝作司徒
其敎之便帝廷之陳謨者三而契則於同列之中絕無論說或
疑敎之事從其畧不若他事之必記其詳而不然也敎以探隂
隲之原著為論說者宜畧敎以備率循之則見諸施行者宜詳
蓋人而核之以倫人負其名而倫體其實敎之所為循名而責
實者惟汝司徒督率之也則使之責專也舜典之命官者九而
契則於分職而外絕少疇咨或疑敎之事為其易不若諸臣之
各任其艱而不然也敎民於身家已裕之時慰其疇咨也似易
敎民於知識未開之日欲其屯蒙也正艱蓋倫而繫之以人倫

全乎性斯人踐其形教之所為盡性以踐形者惟汝司徒申明之也則使之權尊也夫然執中有訓帝之所以教臣者猶未合賢愚而同其教也統其事於司徒賢愚共明此人倫焉倫之理大同教則歧者可使之同倫之理大順教則逆者可使之順自有此教而虞庠垂制遂首樹千百王建學之規夫然典樂有司夔之所以教冑者猶未合貴賤而同其教也明其制於司徒貴賤同守此人倫焉倫之理至真教則真者不濫於偽倫之理至正教則正者不即於乖自有此教而祖典常遵並遠開六百祀建中之化試即人倫而進詳之

使畢戰問井地　新硎集　龔漢欽

以恒產爲亟者因使臣致問焉夫井地者民之恒產也使畢戰問之、非以民事爲亟耶、今使先王之良法可歷久而不敝也則一人主治於上百爾宣力於下盈庭之問答莫非子惠元元之意焉乃蕞爾微區幸得宗臣之任使而殷然下問欲知先聖之憲章於以見君果賢君臣屬良臣均不緩於民事者也力行新國告滕文非告畢戰也而井地之掌滕文於是情深矣席卜正之遺封事齊事楚烏足以奠我邦家所恃者父兄百官濟濟者不致無能爲役守叔繡之舊業築城鑿池詎足以盡其經畫所幸者山川土地膴膴者無難按籍而稽有畢戰焉非世祿中之傑出者哉夫舉為世家則國事應多諳練制井之法諒亦考之至精不必以一問究補短絶長之數然戰當戰國則典籍已就淪亡制地之方或不知其至密要必以一問酌夏貢殷助之宜使問井地滕文烏容已哉阡陌之開也世咎商鞅而不知使商鞅者亦不得辭其責假令孝公不尚功利徹田為糧之制不且留貽至今乎若畢戰之使則高出孝公萬萬也什一者先王不徹之制問其宏規而先王如在開方者古聖不易之程問其遺範而古聖猶存以視使禹宅百揆使契為司徒同此為國為民之心思也已地力之盡也人責李悝而不知使李悝者亦無容逭其過假令魏文不聽邪說乃疆乃理之遺何至澌滅於今乎故畢戰之使又超越魏文萬萬也天下大利必歸農問井之為

義。皆知其養而不窮。庶民之生在足食。問地之為功。乃識夫坤

而亞從。以視使慎子為將軍。使白圭治洪水。豈不為利為害之

分內也哉。蓋在文公使能得其人。知滕文之於世主。猶徵性善

而在舉戰問必求其備。知舉戰之於衆臣。更覺才多。而謂孟子

有不備舉以告之哉。

局陣清整中幅議論尤佳

彼 丈夫也句　　衛華集　失名

道具於聖賢、因即彼而先按焉、夫惟彼聖賢、與道爲一者也、成覸之彼之者、非以人性皆善、固不獨有彼乎、謂景公曰、臣不解天下之人、胡爲不知有彼也、臣更不解天下之人、胡爲獨知有彼也、夫不知有彼、則視彼過輕、而彼將自成一家矣、獨知有彼固視彼過重、而彼且獨有千古矣、道固深幸有彼、道豈遂盡於彼、彼不知有彼、獨知有彼者、奚弗即彼而一計之耶、今夫率性之謂道、聖人中之賢人、明之道不甚賴有彼哉、洪荒之世、獸蹄鳥跡、幾淪人道於蛇龍、而彼也爲一時除性命之憂、即爲萬世幽斯道之脈、軼羣倫以卓著、疇不共仰其功能、中古以還、圜圓汙池又委人道於禽獸而彼也為一世順性情之正即為一己存大道之公起倫類以立倫雖不共欽且亦覺彼其之子道不且賴有彼哉而閒世磨粹精之氣積而必鍾非有足以凝之者遂以立斯道之極人彼非道物數百年者無之神所鄭重焉絲運會於不敝若曰然而道不虛行天下固不可無彼道本共由天下又豈僅有彼彼之為彼亦惟是行道有待耳君今者嘆興柏寢幾忘有彼凡人尚弗論知人論世之餘而即彼以靜驗之斯人身心性命之微流而不息惟有人以斷之者遂以荷大道之傳夫彼非天下數十世屬望之殷所訓許為以持風教於可久者乎然而道之未從古今實深待有彼道不遠人古今要不獨有彼彼之為彼要不過道岸先登耳君今者亦隕牛山幾為

彼所竊笑○曷弗於望古遥集之下○而即彼以熟勤之○然則閱禮而以不能謝○君特未嘗一思夫彼耳○蓋道不外人身○常彼何以無負於彼○道即存於日用○彼何以克全為彼○以彼視彼○斯自達於彼矣○夫天之生人○豈必有厚於彼○亦何在彼獨異○而心目中止有一彼也哉○然則遊觀欲比於先王○君曾不欲稍避夫彼也○乃道莫大於君臣○辨天澤者惟彼○道莫切於父子○明繼續者惟彼○以彼視彼○逆亂絕於彼耳○夫人之自命○何不能如夫彼○奈何讓彼獨立○而膺寐閒且 以夫也 也○彼丈夫也○我亦丈夫也○吾則丈夫彼哉○

題極偪仄文極寬舒下意亦不擊自動

彼丈夫也

新刪集 錢中青

品有難以尊美者、不必重視夫彼也、夫戰國時之爲丈夫者、惟
孟子一人而已、乃爲世于述富丈夫者、亦欲不必重視夫彼耳、
想其謂景公曰吾獨性大以其讓人者動曰某某者天下之碩
彥也某某者一時之賢豪也寸衷鬱結不過驗視夫他人半生
精神恒多寄託於局外委靡者何其祇知有人乎如果祇知有
也是、天下之大僅有彼一人焉斯可矣今夫浩氣亦塵埃之
覩躬標特達之姿非所謂丈夫也哉夫人之美稱曰丈夫而
己之對待則曰彼同此含生負性而彼獨卓犖不羈在彼自於
其爲丈夫者方且謂三代後之全才有彼之磊磊落落已挺然

於柔懦貪頑之上特顯其奇功此負陰抱陽而彼獨倜儻不羣在彼不愧其為丈夫者亦必謂斯世中少完品有彼之堂堂皇皇乃卓然於熙來攘往之中特昭其概彼其之子不已適成其為丈夫哉居恒慷慨自許恆謂居廣居者必當如彼立正位若必當如彼行大道者亦必當如彼既皎駸乎不欲以丈夫讓彼矣及一朝覿面而志氣不覺頓沮於彼才力不覺頓消於彼一若彼之為彼已非半丈夫之全也者夙昔悕吾寄思亦謂富貴不淫者必當致彼貧賤不移者必當致彼威武不屈者亦必當致彼既皇皇然惟恐以丈夫歸彼矣及一與相談而顏色不覺懷慚、彼容貌不覺示餒於彼一若彼之為彼獨得半丈夫之秘也者而吾乃先於彼之為丈夫特標而出之實而指之天地

旁礴之氣不徒鍾之於彼者而已先鍾之於彼矯矯不羣彼且
以詩書養其性卓卓邁衆彼復以道德純其心若是而不謂之
是刻也然旁觀者試為平心而論彼彼而獨為丈夫也既可
彼幸矣彼而不獨為丈夫也又可不僅為彼幸矣斯道千
之寄不但屬之於彼者而又早屬之於彼亦賢亦聖彼固以
策當躬立己立人彼即以奮往驅斯世若是而不稱為丈
夫是誣也然衡品者試為拭目而觀彼不自謂為丈夫也重彼
自得為彼嘉矣彼若自謂為丈夫也重彼若將不為彼嘉矣彼
哉焉得獨為丈夫哉亦曰有我在而已

千神全筆筆挺拔

# 近之則不孫

江蘇夢學院月課　徐孝始
長洲縣學一名

誤為可近而近焉先自召不孫之侮矣夫女子小心非故敢于不孫也自近之而不妨不孫矣此不當先自咎耶今夫人主深居法宮所與引而進者碩人君子而外類屬非人情不可近也夫泄邇則邇即可褻褻尊則尊還可狎將謂細人無用乎而不知無用之用足以損君威也久矣吾何謂女子小人難養耶蓋以其心欲致一人之養者其術必先致一人之近者也古聖王慎選后德雞鳴而志微脫簪而請衍君之宮寢賢内援相與有成矣頓九嬪九御猶為内宰所司也其畀人纓立轉使側足于屏扆褰帷之勞古明

（按切本句下面移綴不得）

（高一層跌恰是題）

（前備二義）

（指筆）

君信任重臣三公而弼予六御而分職君之左右良宰相其日贊
之矣至內奄內豎月帷宮伯是領焉豈臺輿是供漫冷昵迹于入
蹕出警之地然而箕帚之掾寔守庭除紀綱之僕偏掌內職從来
主側不清而宵小在御者何哉君子曰是近之也夫近之何堪禁（頻住近之斯下三字有力）
之獨無如馭之以恩者適售之以間矣則不孫矣體柔則情易投（近易來歷）
情投而燕笑亦苟（不孫來歷）彼女子豈不知君公擬于帝天者而形骸遙忘
爾汝也一自愛及床第而后並于宮小妻不安內寵體疑其敵緣
衣儼服黃裳是果忍而終此歟吾之寢興魂夢息息與之相依彼（寔從上二字透出下三字）
之候氣審音隱隱以為可玩宮闈之澤日長搆煽之機日烈而後

知體柔者性剛其柔也令之憐其剛也又令君虛矣行卑則意易結意纔而防範無庸彼小人豈不念威福秖當惟辟者而臭味不計差池也一自引為肘腋而偶邀嚬笑漫矜交以腹心薄效馳驅妄覦功於社稷其將莫可誰何歟吾之意諭色授不欲視為外人彼之[illegible]辭狂言弗嫌戲如父子眷顧之恩弥隆跋扈之形弥露而後知行卑者氣亢其卑也君我信其亢也又君我欺矣且夫情易鍾于所便因便致近而情志故亦狂女子見女子而色不相下人見小人而才不相能近之而欲其兩全勢必以愛割愛競[illegible]之忽偏以用彎用要君言以為質不孫之害寧有底哉物每[illegible]

其類因類愈近而玩其亦愈甚一女子貫引小人于蕭墻一小人崇飾奴子于深闈近之而欲其兼及勢必寵延爲蔓破舌構計矣破老婆生其孽男或盤結乎女或不孫之禍尚忍言哉爲人上者是可畏已

直擣流弊如秦越人視病洞見肺腑癥結議論可銘可箴有功世道不淺　翟藻倫

歸諸二十一史爲渋脚堪與千秋金鑑錄並傳　張雲中

近之

沈學院歲取進龍溪縣學第二名　翁逢春卷

原用情於臣妾可即近之以先觀焉、盖人主固不能絕近女子小人、爾不與漸近女子小人者也、盖亦思近之之際為何如乎、夫子若曰、人主日中考政。宣序民事甚未可了、然居心而漫無所覩近者、也、蹤然。亦視乎用之何人、宜古。特此心以待賢人。君子將師古。惟旅牧相共知信任之臣。奈之何用非所用、竟施之宦官宮妾。近者何以謂女子小人為難養哉。誠以是人也、積慮處心。每上於逢迎上意。則情實邀寵而迹同愛君。萌非中智以上。誰其燭隱識微伺然。畢窺其衷曲甘言令色。常巧於蠱惑君心。則陰欲肥家而

陽鄰發國。苟。非。天。寶。之。聰。誰。勿。相。心。直。殷。殷。然。樂。與。之。相。親。當。是

耳。也。稱。為。淑。女。尊。為。命。婦。衹。覺。宮。中。夫。人。敵。體。非。可。狎。暱。而。褻。狎。

內。發。不。禁。骨。辛。之。類。如。侍。為。心。膂。倚。為。腹。心。將。見。在。廷。卿。相。俯。笑。

非。可。妾。施。而。頤。此。僕。從。不。覺。怨。情。之。獨。摯。噫。嘻。是。直。近。之。而。已。矣。

夫。曾。是。女。子。小。人。也。而。頓。近。之。可。哉。朝。夕。不。忍。離。也。出。入。不。忍。舍

也。即。々。之。心。已。先。加。此。女。子。于。衆。女。子。之。上。有。言。而。必。聽。也。有。討

而。必。從。也。在。君。之。意。已。先。置。此。小。人。于。衆。小。人。之。中。君。曰。吾。非。是

女。子。不。足。以。娛。心。意。彼。女。子。者。陰。伺。密。察。亦。知。君。苟。非。已。而。心。意

[illegible]。異。可。娛。君。曰。吾。無。此。小。人。不。足。以。悅。耳。目。彼。小。人。者。趨。走。承。順。

明清科考墨卷集

第二十一冊　卷六十一

亦知君苟非已而耳目卒無可悅然則此一近之也君雖以為偶然女子小人亦皆視為偶然而意其常然者直曰今而後君愈近我矣以[illegible]一近之也君固忘其為卑賤女子小人即自知其卑賤亦幾忘為卑賤者直曰今以往我常近君矣其不孫也豈待知老而後知哉

沈學院原評

近之則不孫

江蘇李宗師科覆
淮安府學三名　楊日熺

觀不孫之禍而知賤流之難近矣夫至易近者莫如女子小人也然而不孫之禍階之矣君人者可無慎諸且誦詩至皇父擅政艷妻煽處未嘗不嘆周室東遷之禍階自女子小人者居多也然而襟貴原其自伏釁必有所由開主不察猶好以狎昵之私長其怙侈之漸嗚呼此恃寵而驕所以莫可終極也吾何以謂其難養哉今夫女子小人固近于君而君亦樂得引而近之者也位中宫者非無問夜戒旦之偶而女子偏以柔媚之姿工嚬笑于寢處則入宫見嫉而小星抱衾之愛意更篤于椒房坐論遺芳非無亮工

私化史臣而小人偏以諂佞之態窺意旨于朝夕則乘間希寵而下僚閹豎之流猶倍親于宰執在君以為是區區者固莫予違也然而以色升者恃色而驕矣以倖進者因倖而肆矣則試推其所之所從生而究其弊之所終極始焉未識君王之意向不過賤倡艷冶簧鼓蔽聰曲以善其干進術迨至假以色笑粉黛也而佞倖私之侍御也而腹心重之則各懷其寵而可恃之見而職為亂階初焉交邀我后之寵幸亦止工讒掩袖獻媚餘桃巧以堅其愛已之貴迨至積以歲時妾媵也亦干朝政僕隸也輒握重權則各逞其肆而無忌之行而釀成隱禍吾見一女子進而衆女子群起

而肆其奸一小人容而衆小人環向而爭其柄甚至以小加大以賤妨貴矣人主一日之優容（就不孫極言之）已莫保宗社百年之鞏固女子樂小人為外援而肯可潛受小人得女子為內偵而釁可暗生求其寵而不驕：而能降而積重莫返之勢已成為滋蔓難圖之憂雖有老成愛國批鱗而數專擅之非（[illegible]之所以移于晉也）勢不可以上達則女子巧間于後庭小人矯傳于朝宁方且陷忠良于屏斥之條而無可如何即使王室不競事敗而識宵小之奸（漢之所以奪于魏也）而權已失于下移則女子愛溺而難割小人勢纖而莫收方且玩君王于股掌之上而唯所欲為嗚呼一近之弊而施于小人之不孫遂至于此乃知左右近習之

乃知不孫之害人主因近之以自取耳
輩戴元后如帝天詎敢以侈然自縱者煽禍于國家故一原其敝
竊紱侮之由君子貴防其漸祖宗寬仁之風畜臣妾如犬馬豈敢
以暱馬相附者召釁于內外故一觀夫驕盈寵逼之害君子務謹
其端然使見其不孫而引而近之者或推而遠之又孰知其怨不
可弭哉甚矣其難也

於歷代婦寺不孫之禍熟悉其源流故言之痛心而切骨　湯芝豚

醞釀全史以出之氣韻沉雄最近陳黃門一輩人　朱觀康

近之則　楊

近之則不孫　　趙　琰　玉岑

切言近之之弊、知不孫之有由也、夫近之原以養之也、而不孫有因以互致者、不可即其近以徵養之難乎、且以人主之尊嚴縱巍然不與人近、獨宮寢侍御之屬、不能不日習而與之近、然正惟易近而遂為無不可近之人、亦惟易近而遂為必不可近之人、夫孌倖何知、一有以承主之恩、即不欲安已之分、乃㬨恃寵而驕、併非人情不可近也、何以見女子小人之難養哉、天子當陽以主外治、后妃亦理陰而正中宮、德相符者貴相匹、下此而媵姪執箕帚征抱衾、皆得備小星之數、以入侍君王、一人端拱以建中和、三公亦

即滚出不孫微售

秘響旁通伏采潛發

從論以叅燮理化相贊者勢相親下此而宮禁周環盤匜進御俱得補黑衣之列以親承意旨是女子小人非即以近之者養之乎然近之必有弊者則何以故必謂縱逸樂于後宮鼓瑟簧于並坐（撤去此一層方見得難養）以是而起相侮之形則君心之不正有以啓其奸吾猶可為若輩寬所可惠者天子深居宴處姬嬪在後侍衛在前縱或隱為譏之（近之不遜如是而已不免不遜愈見相習之養）非不嚴為馭之一接之以詰言少加之以顏色凡起居嚬笑偶或不檢彼即以為可狎也不曰優容我而曰比昵我遂耽耽焉逞其譎志而無可如何矣必謂發揩言于內殿寄國柄于寺人以是而生嫚上之念則君志之未端有以釀其禍吾猶不專為若輩責所

可慮者天子早朝宴罷宮妃奉御宦官奉膳初非從而比之漸成因而借之愛幸以加其恩奔走以觀其才凡衣冠瞻視稍有不檢彼竟以為可忽也不曰姑息我而曰玩狎我遂泄泄焉行其詭謀（狎出不孫之由盡描繪精）而莫之能禁矣噫嘻不孫矣夫豈必破義而加大紊朝綱而曲逞其私但使修儀容以悅主陳技巧以近君縱宸衷明察不必遽因而回惑而內朝外朝之間苟尚留窺伺之端或望恩而希寵即驕（運用描寫新顯異常）佚之漸已開何事習水蕩公餘桃愛我以致猖狂于無忌哉抑豈邇閭譙而閒覩于國典而肆無所忌但使怒詈及于姬妾呼叱加（說得甚精細越痛快）于散秩綴君上神靈亦或頻施乎懲戒而宮中府中之地苟猶恃

儻來之物或得志而慆心即啟寢之儀不肅并何事休其蠶織徹為汙蔑以啓禍患于無窮哉至于遠之而怨望頓起矣女子小人之難養如此夫

自來宦妾之亂原自人主荒淫召之以此說難養較鬆近之實是勢所必然不必說到寵褻不孫亦即情所難禁不必說到悖逆于題面放寬一層方于章義逼緊一層書旨本是如此非故意翻前輩案也　李酉谷先生

近之則　遠

近之則不　二句

福建于宗師科考　興化府學一名　鄭王臣

近與遠俱窮養之所以難也夫近遠惟八去意耳而不孫與怨即發此起養女子小人者可無術以處此乎且得志而驕滿惡謙棄置而閑閣思過此唯賢大夫賢后妃能之宵小何知哉親之而不以為德跡之而即以為仇履霜堅氷之漸不可不懼也（澹大方）女子小人之難養請得極言其弊小忠足以中人意小信足以固人心女子小人原有不得不近之勢然賜金帛而不受賜茅土而不人古來有幾人哉刀匕不可預知防婦寺不可預知政女小人又寧不可不遠之理然永巷閉而慷慨含生捶楚加而從容赴難世間可

多得哉吾嘗憑弔古今近之而能孫遠之而不怨蓋亦鮮矣婦者
趙○姬○驪○姬○名○言
其狐乎狡者其兔乎若之何遽加諸膝昵我方托彼為腹心彼即
唐中○宗之韋　後唐○莊○宗○劉○皇后
弄戲於股掌言語有不順遂貽帷簿之羞嚬笑或未莊亦非優
之侮彼夫舟可蕩車可駕猶其小者也甚至竊我之權僭我與我
漢○周○天○人○門○如○市○劉○碑○私○人○判○涿
相抗爵祿出其門奏疏入其家不孫之流波侵矣雖有謀國良臣
瀰翦而欲我治平而纘之不可圖之不能亦唯扼腕而長嘆耳帝
或鄭穿李不綿○公
猶未殺于斬猶恭嚴乎若之何還墮諸淵即彼不思已之有罪反
晉○武○靖○晉○之○變　魯○莊○公○天○庭之○變
咎我之寡恩讒本無心頓生嫌闔之變乾餱或失德遂釀肘腋
之灾彼尤詠可嫉魚可逆猶其淺者也甚至挾我之柄顛然與我

為斂呪咀興於中干戈起於外怨之熾焰烈矣雖有勵精英主讀書而耻為凡君而繼之則受制可悲急之則廹聲可懼亦惟涕泣而自傷耳蓋近之不可而復近之彼則驕不孫於至孫之中妖媚以惑吾心志奢靡以娛吾耳目由是愈飾愈工設遠交之謀而良黨可倒逞殷日之力而難嚴無分而且互相締結上意稍衰即先代為之解而忠言終不能入卒至牝雞晨而家索奢驕營而國亂亟遠之而事勢已去終委之而蓄害並生近之不可而繼遠之彼則隱忍然於無怨之內覆情而托微詞抵隙以謀再逞由是愈甚愈深窺神器之重而禍生飲食謀定與之功而亂起城階而且各有

漢巫蠱　唐文宗自比周赧漢獻　武才人殺女誣　魏忠賢稱九千歲　飛燕　常處人心進毒　劉克明等二日弑主

仇士良教仕

黨援彼身雖去猶欲傳其狡術而餘孽亦足為害卒至鴟鴞賦而城傾豺虎殺而邦覆後用之而養禍益深甚殆之而徒死無益然

唐甘露之事

則可無術以處之乎蓋厮職者其情易流惟臨之以莊則聽雲日

禍出於養之法

之象自消其作福作威之謀性陰者其心叵測惟齋之以惠則沾雨露之恩自泯其如鬼如蜮之態養女子小人者可不慎歟

洞悉若葦情形運以讀書論古之識真堪與歐陽子五代史伶官者諸傳並駕齊驅　姚周泉

近之剔　鄭

近者說遠者來　聚文徐　引蘭泉

以王化告楚臣欲楚之息兵爭也夫楚自伯功既盛競以兵力服人矣近說遠來子所由舉王化以告葉公乎春秋時楚之夫計先失於不得民心而楚之失民心實失於興兵而黷武甚好兵則不（斷制雄貫）靖不靖者邇必騷離好兵則屢爭屢爭者遠多違距君子觀莊王創霸以來未嘗不歎王政之懷柔已邈也子問政夫王政不外乎民心而民心無間乎遠近吾嘗即近與遠之大勢而論之夫葉楚之大邑而方城之地也方城者雄踞大河之南以東為右近有宋（遠近悠界跨如指掌示古氣傳公）霸以西為左遠有秦霸而且晉則霸於河北比秦為近齊則霸於

西冷三院會課三刻　論語

山東比宋為遠他如鄭衛陳蔡諸國若者近若者遠一一瞭然也假使楚恃兵力以爭霸中原吾恐兵未出而齊通宋以擾其勞兵既（議論背關）出而晋結秦以襲其後軍多顧慮民實罷勞此而猶欲其近無不說遠無不來也勢必不能然則處今日而言政不難使近者之來而貴使近者之說慨自六卒僅收怨生城濮二卿相惡謗起鄢（餘音）陵其不說猶顧然耳乃若戎分兩廣未嘗不息其勞而何以陳合（韻流高響切）加罰莫肯効忠於王卒日討三軍未始不申其儆而何以夜呼周走竟無矯命於王宮可知衆怒難謀此嘗絜所由見敗也況夫三（綱一層華意翻練）巡數而忌於羅三甥謀而忌於鄧遠且不說豈近者而獨說乎子

大夫誠使循毀家之烈，惠濟橐弓，追振廩之休，恩敦同食，將說以犯難，說以忘勞，止戈之令典無忘，即挾纊之仁風尚在，試與聽陽舞譜曲，不幾樂頌昇平也哉。且就楚國而言，政不徒使遠者之說，而貴使遠者之來。既自殷傷矢射，宋既寒心；指掬爭舟，晉尤切齒。其不爽猶顯然耳。乃若肉袒許平，亦若招携以禮，而何以蕭魚有會，難禁鄭國之離心；嗣君通聘，亦思脩好於鄰，而何以封豕長驅，麇致吳邦之薦食。可知楚氣甚惡，此脩鳳所由見疑也。況夫子胥奔吳而見伐，貴皇去晉而尋仇，近且不來，豈遠者而獨來乎？子大夫誠使鬣牛奔之貪饕不愛，痛羊牽之困裘佩無爭，將莫不來

壬午王院會課二刻　論語

乙莫不爽享組甲之爭雄不逞即鮑居之相禮胥從試與稽樽杌緋年何勿慶舊朝聘也哉夫如是虎賁脫劍而遐邇同風牛耳主盟而中外輯睦猗與休哉何政之隆也

風華典贍藻采紛披　周芾堂

驅策盲左如數家珍筆意亦極堅凝秀鍊此文中萬選青錢也　近者　徐

# 所不慮而知　知也

陳奇猷

知有不出于慮者大賢明其良以示人焉夫知之用豈盡無待乎慮哉而知之良者則然大賢故發此以示人耳且夫明道以尚乎知知之德亦太矣哉然識其大者必周乎物而無遺識其良則然於心而名是一知不學而能者既為良能能[illegible]則何如也能能必由于知故知之盡于心者所以啓其能能遂一能必無不知氣以然待于天者所以同于能之稟夫不有不慮而知者乎夫

二〇此〇斷〇跌〇一擒一縱〇[illegible]〇[illegible]〇奇〇一〇

知之量大矣昭融在心靜而與性相涵涵明察在事動而與道相

二〇字〇去〇[illegible]〇擒〇上〇二〇句〇[illegible]〇[illegible]〇例〇

周毋論也夫然絶物而為日用之倫常者當亦必聯絡而於理即

本闈墨續 [illegible]

地鬼神之變化豈可以不探索其微也才知之蘊所乃函

立盡不慮而有是哉抑知之用宏矣至慮之門函萬有而不遺

亦應萬事而各當毋論禮樂名物爲前聖所垂遺者貴

有以深通其故即至古今帝王所未闡孰是可以不洞悉其原

此大知之神明如是也豈盡不慮而能然哉特表明乎

人之有良知也若良知也而何待于慮哉蓋慮者以其理之尚

昧也本無所昧則何待于慮一慮者欲其理之能明也亦既能

而又何假于慮哉非必秩序紀綱之倫常焉始晰其理也非必

天地鬼神之變化盡深索其微也第即其情之所

飲食[illegible]

物者自有

率然之明共知也顧乎否乎抑非必禮樂名物□藝遺跡之通其故也非必古今帝王所未聞皆洞悉其原也蓋即其人之應乎事者自有不□之覺此其知也良乎否乎獨是有良知□欲勿喪其良焉則不慮而知者以慮而益知具此良知而能者養其良焉則不慮而良者可貴能慮而良者益貴而所謂良者果何如哉可進而詳之

結□指不同小家數

所不

陳奇猷

所存者神

廣東翁學使歲考取　甘其潔
入長樂縣學一名

化有極于神者，更無待于君子之過也。夫心之所存宜若未必即化也，而已神矣。神于存乎，不更神于過乎。且久藏其心，天下莫能見也。訏馳思六合而同人，將揄我其誰信之。乃古之王者以其心運之法宮之中，而天下之遠已適如其所以感之者，而一王有以相揄。儒者尚稽至治，歎恨不生當其世，而覩見其感應之盛也。夫君乎不既所過者化乎，亦幸而巡行列國之餘，猶得邀乘輿之一至也。歷覽山川風俗而歎其政教，則王者之心亦復何憾哉。然而心則無憾矣，以猶無窮矣。特傷夫殊方遼遠之區，不克邀天子之時臨也。誠然，簞……

馬跡遍及于宇宙而王者之身豈能盡歷哉將見蒙則有限矣心
難慊矣乃忽焉而覺德之已無遠而弗及也乃忽焉而覺蒙之[illegible]
（原評：起法超忽）
遠而弗屆也初不見君子之期其如是也而孰知君子久已蒙其被
是也夫君子御虞德蒙之易鄉而致小民有遺已之歎方恐以然以
為風聲之播有及焉者即有未及焉者而吾心之所存留不克為之
少慰也然而神矣耕田鑿井之下鼓勤于不自知矣初無頌鑠來
（原評：細小存即在此字着意[illegible]）
以遺之而內外遠近莫之或間蓋舉天下之飲和食德者皆畢歸
于念之中而化自此彌深耳乃忽焉而覺德之所及民已無不應
也乃忽焉而覺蒙之所福民已無不孚也而民亦不解其何以故也

[所過者化]所存者神（孟子） 甘其潔

而民亦何由辨其故也夫小民每歎宮庭之相遠而日引領懷內嚮之思方竊竊焉以為政教之施有至焉者即有未至焉者而君心之所存曾莫能起而相測也然而神矣出作入息之餘皆感乎于不自覺矣初無煩家喻而户曉而父兄子弟爭相勸勉蓋舉天下之跣心者易應者皆罪歸于度量之內而化自此鞠弘耳王者無一日不

原評當

歎以民中二比之意

念乎斯民而心之所存者初無其迹不必教之也不必利之也不必有為之者也而存一獎善去惡之心而存一興利除弊之心而[illegible][illegible]不應而徯志此自有神焉者不可知也斯民無一念不應乎王化之神焉者而不覺自然何嘗有怨也何嘗有庸也何嘗不遷善也而



孟子

直省考卷篋中集　孟子

忘其卑薄從忘之意而忘其樂樂利利之休而源乃從欲而不知此

不忍所遇者而後能然也意德業至此盛矣蔑以加矣

詞氣滂沛被潤澤而大豐美

所存者

甘

所過者化　二句（孟子）　朱涵

所過者化　二句　　　朱涵

漸盛德之感民有融于無間者焉夫少有所間則不能相融過化有神君子之德固至大而寔至微也且從來應感之故民浹其君以其契至民與君相忘則民之情見而上之縕亦見蓋上非無事於民要非有意于民其感也在即顯即微之間故其應也亦在有象無象之際夫君子德業之盛誠有未易名言者矣治具足以一民行而不能遂一民志日月懸象布綜大君之刑威慶賞次第以深其漸摩而幾心始為之丕易君子則無無此滯象也政令欲以愜民隱而未遽自愜其隱誥諭言傳挾百端之利導整齊張皇以

盛○飛○顯○微○

心○清○變○

宜其幽渺而主極日請于耕欲君子則並無此凝迹也憂哉邈乎
殆所過者化所存者神矣德暉之動了而無動泥其迹而綜之以
為君子之過也而已失我君子也然而起視其民則已化矣蒸然（其下○丶○跳○邊○ 下得○些○）
以變勃然以興油了然以遷具導何德哉則以為君子固嘗身闓
（泥○刷○墨○盧○方○也○求○且○以○執○筆○取○其勢）
乎此也身閱乎此者寧唯是衣裳與馬之輝乎則又為求所以留
貽于此者而存無有也彼其所面貽其即民之所自為也吾聞之
風行地上其行無迹時雨化物其化無待乃若所過何其類是耶
無欲而靜了而無靜伺其寂而擬之以為是君子之存也而已先
我君子也然而起視其化則已神矣志有與通凝有與衡事素有

與宗是遵何道哉則以為君子固嘗心周乎此也心周乎此者審唯是皇皇業業而已乎則又為求所以鼓動乎此者而卒無有也彼其所鼓動其即（更○妙○）君子之所自為也吾聞之聰明正直臨之在上出入利用謂之為神乃若所存何其類是哉後世仰隆古之治幾（精○刺○考○尔）疑為淡泊以相遭而第于擬議無從中摹其至分乃覺情與物翕動執其機靈境之呈皆統歸于寔發百年懸廣大之模更不勝言思之莫罄而惟于身心可按處約其大凡要皆動而相連宜而協貫妙物之感仍默寄以無為當是時海宇恬熙主極醇茂君不謂草野之愚民不言朝廷之聖德此化洽神凝以與世相忘于俯焉

仰焉已矣。

祕思自抽、新緒疊引。曳獨繭之榆纖。渺闇易以郎削。絕殊離俗、

何假刻飾爛都、吳在湯

所過者　宋

# 所存者神

[illegible]　吳煒　覲陽

有所存於過化之時，而知其感者神矣。夫能不測之謂神也，君子之所存如是，故其過化亦如是耳。嘗思王者政教所及而心及之，政教所不及而心亦及之。（精切）蓋庶類周于思，萬幾通於微，誠乎此而動乎彼，故隨在而立效也。觀於所過者化，而知君子有所存以為化者矣。刑名法術，不由其本，祇為矯拂天下之具，無論失其所以為治，而先失其所以為主。（擘）道德仁義，不根于中，亦祇為播譽一時之具，無論無以通天下之故，而先無以周一己之心。（所存上）（所存者定案方不汎入黃老一派）乃若君子所存，必過化之時者則不然。其所存者亦在君臣父子之倫，而非清

象以為心是故同然禮以序之而此獨有無體之禮焉同然樂以神宇曲道不怒
和之而此獨有無聲之樂焉大有體則滞於物而惟心之無體者
自能妙于物之中也有聲則限于氣而惟心之無聲者自能超乎
氣之外也初不測其所及之端而從其風者不識不知順帝之則
焉已矣其其所存者亦在農桑衣食之際而又非苟簡以為心是故
同然利以綏之而此獨有不言之利焉同然德以養之而此獨有神化于余體大用帝見
不顯之德焉大惟靜以茂對而萬物之利自溥故知周而不必形
於言默以藏用而一心之德自通故道濟而不必致其顯初不測
其所彼之政而道其守者耕田鑿井忘帝之力焉已矣豈不神哉

［所過者化］所存者神（下孟）　吳煒（覲陽）

蓋虛其心以受天下之感而不以天下之感待吾心故迺單所至（探○赤○之○諭）莫測其始莫究其終欲之所沿風動從之而鼓于其中者真有不（探○讀典切）知誰之為一大其心以體天下之物而不以天下之物牿吾心故宥密所基靜與之會動與之周志之所起丕應後之而旋於其時者真能無心以成化一其故王者與天下共謀其性情而農夫小民皆為徧德之事所感者微也王者與庶物共洽乎中和而草木昆蟲遂有咸若之休所通者遠也非天下之至神而能與化若是乎吾以天地歸之矣

此種題一味剌斷晦昧以為奧妙無論混入黃老家言即文字

並明末人魔障。依經暨義。說得亦精深。亦切塞。其文秉潤澤
炳鬱。如道子寫五聖冕旒。秀發雄姿。飛揚。視彼畫鬼魅者何如
也。

浙存者　吳

[所過者化]所存者神（孟子）　陸晟

所存者神　陸晟

君子至神之用、更有進于所過者爲、夫心之所存宜未必能化也、而已有其神爲者、君子之功、一至此乎、今夫斂之藏于密、放之彌（顧遊以近）于遠者、猶待推暨而見者也、獨至聖人靜穆之時、初無形象之可言、而操之愈約、則感之愈微、感之愈微、則應之愈速、求其所以然之故而不可得、亦想像其從欲之極功云耳、一如君子之所過者化也、奔而趨、行勞國之餘、時得見衆歟之出、則倏爲而從風、倏爲而順、則其身之所已周、誠爲心之所畢周、護或遼殊方遠之地、不（語必已）邀譯華之臨而陽乎者、在四國會歸者、偏遐荒何以身之所未歷

莫非心之所已歷甚矣君子蓋有所存也其所存者神乎莫神于

三四馴雅

恭敬分比無著而有著

濟天下之原澤而天下初不知所以濟之〻由方其民溺民飢

然藥于瘠悴其幾亦甚微渺耳非有與〻之仁非有予〻之義而

書流精卓

立達必通然自謀其性分之事痌瘝在抱即為群黎托命之人則

蒼高寓老發智中

民生厚矣民業安矣樂〻利〻尚居宥密之所存也然而握幾者

神矣莫神于善天下之至德而天下莫窺其所以善之〻故方其

民風民俗悠然結于心思其意亦甚沖穆耳非有令行之布非有

禁止之文而天亶聰明惟此皇乘彼濯之功會其有極已為衆奈

向方之本則道德一矣心志齊矣華澥從忠弟為深宮之所存也

〔所過者化〕所存者神（孟子）　陸晟

然而循德者神矣。雖由徵而顯，豈無經營措置，明著其所存，然而黃農虞夏，授受極其深微，而耕鑿安于故常，帝力不知何有，乃即于惟精惟一之中，與為默契，則莫之致而致者，孰測其神而明之，神而化之，了原卿自內而外，必有政教號令，推擴其所存，然而文武成康，詩詠無煩辭費，而不賞而民斯勸，不怒而民斯威，乃即于關雎麟趾之意象，其太和則莫之為而為者，孰窺其鼓舞盡神感通至神之德，雖其存也，是以過即化也，惟其神也，是以歸乃如也，君子不與天地同流哉。

甚得神字的解

說神妙不測，如何空際虛描，微言雋致，含蓄得深，正是推勘得

應試小品觀　品十

○論此謂文如其題○　卯庸濟

所存者　鑒

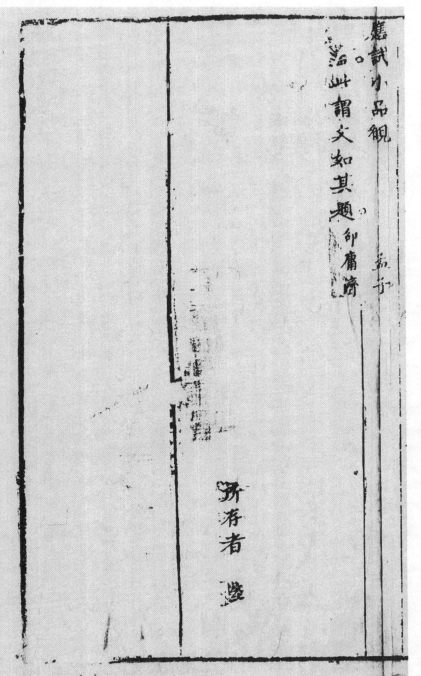

所過者化所存者神　　黃觀清

化神之妙即過存可想也蓋過與存無足異也而過即化而存即神者鮮矣君子誠不可測哉今夫王者之身天下所共仰之身也王者之心天下所待治之心也出其身與天下相數布而不疾而速蘊其心為萬幾之原本而不介自學豈有所擬議其間自真得名言其妙身心之間皆可想見焉而不怒不慶不知誰為君子之為君子固何如哉謂九州之大也必親以清問百務之繁也必慮之皇衷則君子將為時地心思之所得限然課所闕聖人猶將夫未及之處皇衷多憾猶夫未經之端則君子於其事所補救之所可測而不然也蓋一人

是其有淑則匡襄之象隨所歷而皆盡至中以守至正而感應之妙

有所期而即然者不過則已過則必化為刑人於市而襄正者則爲

蒼生布政于外而仁育者既周庶類至若臨雍而民知敬學之言訓

民知敬老熙熙更新之下何變則化也在君子初不自知其化也神乎

不自知其過也而觀化者自覺翕然之有象也則以爲所過者化矣

不存則亡存則必神為刑期無刑也而協中者遂罔不同風惠期乎

貴也而又安者既無不得所至者作新有念而革面革心之不遑明

倫有心而與仁與讓之恐後不知其然而然殆神相應也在君子初

不自知其神也并不自知其存也而觀治者共見響應之甚神也則

所過者化所存者神　黃觀清

以爲所存者神百其過與存而分驗之化之所祈莫不皆新神之所感鬼神莫測身與心各相喻於不言之中自其化與神而合徵之有所過而大業皆載以小心有所存而日新自發爲富有外與內交相致其無迹之妙其在帝世務民於變化之謂也從欲而治神之謂也故其德蕩蕩而無名其在王朝化之至而四海皇其永清神之至而無逸泯其迹家故其風亦皡皡之有歡慶乎若與天地而同流者

本房加批

筆情敏妙機神秀逸何必貪作張皇語使紅塵四合

所存者神　二句

江蘇胡宗師科考
金山縣一等一名程鴻桂

進推君子所存之效德業同於天地矣夫惟神不可測此君子所以過化也而其德業之昭於上下者不與天地同流乎且讀易而王神妙萬物未嘗不嘆覆載具生成之化其真精之流行於品彙者為無窮也乃自效法有君子大盛德之日新發為大業之富有而晉美利於不言者直堪參處乎兩間如君子所過者化此何殊天地存易簡之理以流其化育之機使親上親下者各著昭蘇成而吾乃即外著之經猷以窺內心之運量竊嘆其所存者此結念之微初非同所過時有勲猷之昭布然隱為感不營

（氣貫之佳）

（畧按是）

喻也所以黎民昭於變之休恭已垂裳之盛眞機所流露
乎無言成化之原祇此注意之間固非若所過者爲轍跡俱
然心爲運無畢身爲歷也所以綏安來歸附之情鼓動致協和之
治戚意所旁流直得平兩大無私之用所存皆神此過化之本也
而吾以思君子功業之隆與天地合其德矣蓋嘗念穆然以執極
若天地之體故絪縕默運難窺大造之狀祗然忽焉而資始忽焉
而資生神妙中即寓化機焉則一闔一闢摩盪於無形者天地之
所以不測也因而思主靜以立極者君子之心故聲色不大目見
端拱而無爲然無端而從欲無端而風動神妙中並徵化理焉則

愈推愈遠彌綸而圍外者君子之所為參兩地上下之流有不與天地同焉者乎論下蟠上際天地固各自為流試思可久昭其德

分合寫來下句神情亦足

可大著其業其絪緼而化醇者自有專職乃以君子之存神徵諸過化則流於上者亦流於下而藏用顯仁參贊之名非虛負論天施地生上下又相濟而流試觀雨露溥其澤草木向其榮其周流於升降者互為終始乃以君子之過化本乎存神則流於上者有餘亦流於下者非獸而靜專動闢配極之號自可崇上下同流信

性密

之存神即信之過化此君子所為與天地合其德也而豈小補爾哉

近科房考情卓集　孟子　所存

氣清筆腴。法亦周緻。原評

機圓法密。中仍有灝氣卷舒。此詣故推神妙。徐香𣲽

所過者化　二句　　葉申

惟王者之入人也深故王民之自得者微矣蓋王者身之所過心之所存其入人之深者化矣神矣此主民之所以皞皞也歟孟子意謂千古無不可思議之事功而至人操旋移默率之權使天下幾莫測其運用之何所世變風移元命自作後世所爲旦暮不可幾者至人直於昕夕闇致之一身托乎巍巍之上一心運乎茫茫之中而千萬人之身心負之以趨焉所謂不恃力而行不依形而立者此爾王民皞皞至于不然不庸自遷善而不知是孰使之然哉夫惟王天下之君子天壤至遐身所未到之處必多於身所已

（壯色沈聲排闔警[illegible]）

墨卷扶質集　三十　壬戌會試　續孟十一

到之處而自他有耀開明堂以涖者入荒皆我闓安在以方隅限也春岱秋華還以山龍藻火之昭示之而耳濡目染初不煩頒皇（鑑鈎偭耀無非挺錯之華）極之訓于五方一人羣既判不能出我心以畀人又豈能挈人心以示我而喻在不言垂衣裳而理者俯視但一氣未嘗以形迹膠也前巫後史還以尸居淵默之宰攝之而志至氣乎并不煩走達志之儔於四壽是不亦所過者化而所存者神乎新機與故習相乘（思議精透出）而大化因之為翕闢悅乎新未能忘乎故忘乎故未嘗并忘乎漸（如在目前）俗非不化而觀感未深無如何也君子端厥型小民赴厥的廊廟之衣冠聽視初非為聳動四方之具而以身為慶者不令自從無

何而忘乎故焉無何而忘乎新焉又無何而新故之兩忘焉觀夫
耕山有讓畔之風居邑著成都之績不必久於其地也大觀在上
樹以風聲而是訓是行以近天子之光者遠在千里萬里之外此
其際殆難擬議亦旋感與立應同體而神道以之為流行有所感
無所應有所應不能妙乎其應道非不神而融洽未偏則猶有待
也君子惟歷攸居小民從欲以治當靜之容敬執別昌嘗有風行
雷厲之奇而如心以出者不介自孚時若有所感焉時若有所應
焉時若感應之俱泯焉觀夫立達由其一念綏動曾不踰時不必
膠于其迹也中心守正退藏於密而無思無為以通天下之故者

周於四目四聰之表○此其間不可致思爾然則王道之顯發其天德之呈露乎富有日新在兩間為道蹟在一人為事功於以知大業本于性術天下化成而動變無方盡屬至誠之餘事聖人神應而聲色不大幾於妙物而為言然則王者之極功即聖人之能事乎顯仁藏用在內則為聖在外則為王於以知位育不外中和化（点寓）（化神成語俱異解）不可為不啻出震見離而以漸致其推行神應故妙等於陰受陽施而兩在同其不測則君子一天地矣

化神極難寫得真切以勁筆抉其精思金城湯池中便前歌後舞而入　王元音

所過者化所存者神　　壬戌會試　廖運芳

極言王道之大于所過所存而想象焉夫猶是過耳存耳而化焉神焉已若是蓋王道之大有如此以為聖王在上亦惟是藉此存心此斯民相淪洽于無間而已顯之與天下相接而事已周于其能微之與萬物相維而願已足于其隱德之莫能尚者即為業之無可加故其身之所至與乎心之所至已臻一世于雍熙而有餘吾得于不怨不庸不知而益思夫君子矣抉刑威慶賞之權而權可不有端拱以臨若戴一人之精誠以俱出憑意諭色以之勢而勢可不藉恭默以運若偕羣生之性命以俱藏蓋渾渾者化神也

詞義簡密今古

貫重神寒

象也吾于所適所存想之物相薄而其形未渾則其跡仍留合而（學理爲妙神與物游）疑之交融于無間則化之所以由名也君子所過已渾吾民于宥密中焉豈無供億而順則不驚耕鑿之常豈盡祇承而聞風已有鼓動之樂夫君子立綱陳紀亦復何奇乃有涵育于數十年之久而猶未應者君子一日收之而已捷則其道之相融者深耳物相感而其情未通則其機猶滯微而契之相彌于無聲神之所以（經濟）（心）不測者君子所存蓋通吾民于淵默中焉豈無化裁而鼓鑄逕與民宜豈忌齋祓而張弛輒與道洽夫若子之出謀發慮亦自猶人（渲光去過里不須浮雲形纖）乃有經營于百千許之煩而猶未驗者君子一念總之而以全則

其德之相通者微乎化行于有象神妙于無言吾身所能徧歷之所即為吾心所必彌綸之所過與存分顯微不分先後也是故操其柄于此運功名于性術之間聽其應于彼獻天心于日月之際過則無定居存則有常主即身所未照臨之所亦即吾心所能布濩之所過與存分動靜不分廣狹也是故飲食與共悟常力歸于行于宥性命已各正天子亦淡而不言是則若予巳矣兩敵化一故神不與天地同流乎哉

尚書覽文如詭而尋理即暢春秋觀詞立駁而討義方隱淺深之故視乎本原非可以文字求也家楚崖見明天文地理之學

所過者

廖

于舉業亦以五大家為宗如此作擺落一切詮諦直追謨典化
神淵源可謂精微窮溟滓矣今寧嘐城獲上信民頗著中年三
異非其根柢厚而純術深乎為附數語以誌服膺弟古檀

# 所謂誠其意者毋自欺也

二名　王敦敏

取足於意自知即宜自絕也夫誠意為大學之要不絕其欺意何曰誠乎故傳者釋之曰為學之弊莫甚於發念不真吾謂其念之不真實由於念之不決貞其念於終而情勿涉於偽也遏其念於內而力不假於人也儒者自格致以來衆物已明而寸衷未實猶得諉曰不察乎抑何不察之微而絕之早耶學至致知知之盡而行之始也知之盡而可以啓吾意矣行之始而又不止斂吾意矣然則經言誠意果何謂哉機有先後意之所起其先若不能持其後愈不勝檢誠焉者持諸先之謂也事有初終意之所存其終尚

不可知其初恒不易制誠焉者制其初之謂也而究何由而制也人當研理既深其知幾最捷正惟知之捷而寸念甫萌欲迎者旋舍而雖欲距者反引而就轉移之際苟且生焉若是者為欺而又誰為之持也人當察物既審其知過必明正惟知之明而片私所繫藏諸衷者莫互為糾發諸慮者莫喻其微覺察之時寬假存焉若是者為自欺誠意者其毋之毋謂欺之端甚微天下事感以一念應以萬緣浸假而欺在微者即在顯矣微則神為意移顯更事由意造也烏乎誠毋謂欺之境甚暫天下事偶焉相涉轉焉相安浸假而欺在暫者即在常矣暫則意與理違常則意為私錮也烏

乎誠毋謂欺已自知其情可恕也彼識見之封眹焉而已並無所
為欺若欺則以理潰理衆理即融而一理未達誠者已不誠毋謂
欺由自致其迹易消也彼外來之詐破之而已轉不受其欺若見
欺則以我蔽我克念在我罔念仍在我誠者終不誠夫人情皆有
所不忍自欺則忍志肯有所不甘自欺則甘誠意者所貴毋苟安
毋曬就一抑人未事患不察其幾不辨欺而幾奚由察當事患不用
其力不戒欺而力於何用誠意者所貴毋惝恍毋因循書陳訓典
克明顧諟其肯總在於自明而毋欺已握乎自明之要詩詠琢磨
威儀恂慄其功皆本於自修而毋欺已裕夫自修之原惟不自欺

斯能自慊也。然則何以持諸先而制其初乎。君子曰功在慎獨。

# 所謂誠其意者毋自欺也

一名　鄒石麟

原意所由誠在無欺其所知焉夫意之不誠欺中之也欲誠其意者可不以自欺為戒乎且夫舉念之初人所不及檢也而不知真僞有由判所爭者正在此一念之微一念以為可恕神明之錮蔽已深矣一念以為難寛寤寐之紛虔倍切矣其幾甚密其端甚微而著誠去僞之功其事則不在人而在我今夫致知之前道在能明致知而後道在能誠誠意者自脩之首而正心脩身齊家治國平天下一以貫之者也然則經所云誠其意者果何謂哉自天之人之際即邪正之途所由分無論強以為知也但使一念偶涉於游

後而懲焉難安者始已莫窺其所向由靜而動之時即敬肆之機所由伏無論將爲已知也但使一念稍縱於寬假而縱焉即逝者繼且莫識其所終噫是欺也是自欺也天下豈有甘於自欺果於自欺而可與言存誠者哉是在有以察其幾是在有以致其決人情即能忍必不肯忍於當躬乃以真實无妄之天而竟使後起之私得而爭勝果誰職其咎也理欲不容並立所當嚴辨於危微之界而自葆其真人情即易誣必不肯誣於方寸乃以虛靈不昧之體而竟使朋從之擾得與爲緣又誰助之攻也聖狂祗介幾希所當力持於內外之交而自獮其隙然則經所云誠其意者非漫無

所謂也亦非別有所謂也毋自欺也欺由於意之所便一事也有初念復有轉念從違狃於偏私久之遂為性情之累欲誠之不息得乎順也而制之以遂以欺為無所則無庸受其欺以欺為有用則愈不容售其欺物感紛呈之際不攝以操存檢束之神而外失於因循毋安於苟且蓋意之不堪自信者皆此自恕之一念致之也而可毋絕其萌哉欺由於意之所適一事也因轉念遂失初念彼此互為出入深之即貽心術之憂欲誠之不已得乎甘也而克之以其不知為欺而欺所以自治者已疎明知為欺而欺所以自待者愈薄日用行習之間悉副以獨固精明之力而毋稍遷就毋或

依違蓋意之不堪共諉者皆此自寬之一念誤之也而可毋祛其
累哉此求誠之事自明而誠者也是故大學之道以知止入自脩
之功以誠意始

所謂誠其　二句　　三名壽昌

意有由誠、不欺其所知而已、夫不能戒欺、則欺其意、即欺其知也、守之自、而戒以毋、意不由以誠哉、且經言誠意必先致知、謂知所以導其意也、而不知意即可以害其知、蓋意每生於俄頃而易遁於虛、虛則任其意之所行、而神日蔽、意恒伏於隱微而易涉於妄、妄則縱其意之所向、而性日昏、此雖向所已知者而已寘然罔覺也、甚非誠意之謂也、然則知至之後以爲意之即能誠乎、抑思意之何以誠乎、萬不敢神明內惕真在焉者復以僞參之、然自以爲真而一念不及防則未絕其僞、適滋其僞也、堅持有主貴除其弊於念慮之萌萬不敢恣氣已專純爲者復以雜間之然自恃爲純而方寸或稍寬則雜非外投雜由內交也淬厲以前貫杜其私於斜虞之地吾乃恍然誠其意者必戒其欺矣此其功決之以自而禁之以毋浮念之乘也多起於意之有所恕彼以爲吾自有知即斥念偶疏何致於知稍有損故造意者不敢欺任意者不憚欺欺肇於任意即自恕矣不知意與知相輔純其欺則意與知合而化不純其欺則意與知背而馳也夫知背而馳者不得爲知也則毋自恕也妄念之參也多伏於意之從其便彼以爲吾盡知即斥端偶忽安必於知有所窮故甫動一意懍其欺繼轉一意忘其欺欺

滋於轉意即自便矣不知意與知相因防其欺而意之篤猶未副乎知之真不防其欺而意之擾幾何不爲知之敵也夫知爲之敵者易敗其知也則毋自便也且夫聖狂之界亦甚可危耳天下惟窮理之人足以亂理豪傑聰明自用高談性命而議論半涉空虛外托中庸而行事偏多矯激吾安見自欺者能保其知乎惟制其欺於未動之先巧爲伺者毋養其萌潛而伏者毋導其漸內省焉而持之常惺昔皆先發焉而制之有舉者也而何有自蔽之患哉且夫賢愚之分亦正無多耳天下惟至明之士易於錮明儒者講學自高數窮太極而藐迷多隱怪之爲性淵先天而名理皆杳冥

之趣吾安見自欺者能有真知乎惟禁其欺於未識之時有其隱者毋使之乘入於微者毋使之積黙勘焉而無作僞之念者皆返觀焉而有不貳之神者也而何非實踐之功哉如是意有不誠者乎

西

所識窮乏者得我與

計及于所識而萬鍾亦爲窮乏者受也夫以窮乏之故而受萬鍾即奈何以萬鍾故而忘窮乏者乎使之得我而萬鍾之于我有加者此其一念且世俗之人止知有我而已不知有人也其知有人也亦欲人之知有我且欲人之感我如是（將此項補併在上二項中妙）而我之有宮室妻妾之乃（甚）益安我而泰然于廣廈細旃之間而蓽門圭竇之子不接迹而不敢進是誠丈夫之豪舉而我之意有不然者彼身存貧賤而愁分富貴之一飽業之甚斯感之甚矣（即以下二句頓出本句）從此而叢聲四起在我原非無此之一鄉也我而畏然于粉白黛黑之奉而形單影隻之夫望下

屋而不敢前是亦顯者之常態而我之意有不然者由身都爵位
而肯暘匹夫之餘澤欲取之必姑與之也從此而乞口以稱在我
（出窮之二字趣甚）
豈真友道之獨真也嗟乎自我而外大抵皆窮乏之者耳窮人也而
所乏者升斗之需吾向日曾受嘑蹴之辱矣今而還以嘑蹴者加
（窮乏之二字所開妙）
（我得我二字趣甚）
諸人而人不以為嘑蹴也曰得我也窮人也而所乏者涓埃之患
吾向日曾有不屑之心矣今而還以不屑者予之人而人不以為
（出所識二字趣甚）
不屑也曰得我也況我之為此也豈能下不識者而繫給之耶當
（看出識字妙）
我之為行道之人彼亦逐隊而趨今見我之富厚或私謝為平生
之交然亦不過識之云耳既不幸而識之而見其一寒至此使之

怨憾于故人之不我顧我獨不自憶我窮乏特耶而獨無此怨憾
之情耶當我之爲乞人彼亦比肩而立今見我之短赫亦自虞爲（以充妙）
富貴之與遊然亦不過識之云耳既不幸而識之而雖其不足校
卽亦使之感歎于貧賤之交之不相忘我獨不自憶我窮乏之時耶
而幾有此感歎之事耶今日者我所識盡富貴也彼一萬鍾此一
萬鍾往來酬酢此爲相識之常而無如我所識以不窮乏之一得（於上）
我者去又一得我者來紛紛擾擾此爲相識之變是故我方寡樂
（二句來得說）
于堂皇之上而窮乏者之儕偶相約強顏而前爾時之聲情爲
頓失而不加所遂者以相識故也量其親疎乃千以又寡倘終窮

所識窮乏之者得我與（孟子）　宗孔授

所識窮乏之者得我與　宗孔授

極受萬鍾之情又若為窮乏之者計焉蓋為得我受萬鍾即不得不為得我而計窮乏孟子殆欲極其情而徐動其悟於且凡身享富厚之樂而熟視故舊之寒飢而不一為動念者天下豈少其人也哉乃或者有鑒乎此而自若其勢之無以相給緫之然以為欲人之得免於貧必己之先居於富於是動念于所識之人而礼與義之不復識者又徃徃然已然則人豈徒為宮室妻妾而受萬鍾乎夫宮室庇我者也妻妾奉我者也思夫宮室妻妾而外我貧賤時所推手共晨夕者大抵皆窮乏者流耳一旦我堂高數仞而故人會不得厰廬以栖足

涉筆砥妍

即挑我字

我侍妾數百人而故人曾不免凍餒其妻子亦念此為誰所識之人（京此頓跌我字）而顧令譸譸窮乏之無告至是乎甚矣我所識有困豈惟所識之憂抑（筆下有飛鳳舞）亦我之羞也則所識窮乏之得我何必非受萬鍾者所必至哉彼見為從來譽望之傳於所識之富貴者不若傳于困約者為甚廣以富寠之聲稱有限而困約之揚頌無窮也（善道俗情）我友方宴貧致嘆意必有甚望於我而恐見棄於我者我忽有以大其恩施其莫不感而慕矣舉受恩于顯者揚譽于野當亦可云有為矣哉彼見為從來聲聞之起于所識之顯達者不若得于卑賤者為易遍以顯達者謂吾本有力自存其感猶淺卑賤者謂勢非藉彼不給其感更深也我友業困約

自處意固有甚冀于我而不敢必於我者我忽有以弘其周卹其奠
不誦而傳矣享厚實于君者即博顯名于友當亦不為無加者歟且
（語妙靈活）
其所自為計尤有深焉者人生榮悴何常以今日之窮乏為得我之
窮乏安知異日之我不轉為得窮乏之我為窮乏寔以為我仍是為
宮室為妻妾之意而已矣抑其所自為謀更有遠焉者斯人之毀譽
靡定為我而受所不當受君子或難以寬我為窮乏而受所不當受
（更佳）
天下或有以諒我寔為我反轉而云為窮乏仍是為宮室且及妻妾
（夫然波瀾恰揭下）
為妻妾且及為宮室之意而已矣獨是所識窮乏者其禮義之辨或
（部）
者方炯然也而比我為博爾之與而斷然不我受疑我為識爾之與

而夷然不我屑則終未必其得我不惟不得我復從而訕我笑我未可知耳吾願受萬鍾者更反而思之

曩頗疑所識窮乏之得我猶是周給之義何至與宮室之美妻妾之奉同類而識得此文推勘到底然後夙疑頓解可稱快絕 原批

為窮乏適以為我轉爰無窮欲解人頤也非聰明絕世不辦如此靈妙宗君真三輔第一有意人 此瞻

所識窮乏者得我與　　宗孔授

極受萬鍾之情又若為窮乏者計焉盍為得我受萬鍾即不以不為得我而計窮乏盍予所欲極其情而徐動其恬然且以身享宮室之樂而熟視故舊之寒飢而不一為動念者天下豈少其人也哉乃或者有鑒乎此而自若其勢之無以相恤也然又為欲人之待之養何言若哉歟貧必己之先居於富於是動念乎所識之人而禮與窮乏之不虞藏者嗟哉又往往然已然則人豈皆為富盛其妻妾而受萬鍾乎人宮室既然者也妻妾奉我者也思夫宮室數錦衣食饌時所擁其服夕著所識窮乏四字折言大抵皆窮乏之者爾耳一旦我豐資數救而救人書不得厭饜以托足

孟

衆侍妾數百人而識人曾不免凍餒其妻子不念此為鄙所識之人
而顧令譽：窮乏之無告已是乎甚矣義所識有困豈徒所識之憂撕
亦我之義也則所識窮乏之得我何忍非與萬鍾者所必至哉彼見
爵禄來譽望之傳於所識之富厚者不若得于困約於彼躬以富
厚之聲稱有限而困約之賜獨無窮也我友方寒貧致嘆意必有甚
望於我而恐見棄於我者我恩有以大其恩施其真不感而慕矣奉
受恩於朝者播棄于野當亦可云有為者猷被見為惟以衆譽之趣
于所識之顯達者不若得于卑賤者為易然以顯達者需恩求肴力
自存其感猶淺卑賤者謂勢非藉彼不給其感更深也我友々亦以約

自處意固有甚冀于我而不敢必於我者我恐有以弘其開即懽宜
不誦而傳矣享厚實于君者即博顯忽于友當亦不爲無知己歟
其所自爲計尤有深焉者人生榮悴何常以今日之窮乏爲之計之
窮乏安知異日之我不轉爲將窮乏之之我爲窮乏實以爲我所是爲
宮室爲妻妾之意而已矣抑其所自爲謀更有遠焉者斯人一擬譽
鼎食爲我而受所不當受君子或難以寬我爲窮乏者又許不肯受
天下或有以諒我實爲我□□而云爲窮乏仍是爲宮室且及妻妾
爲妻妾且及爲宮室之意而已矣□□所識窮乏者其禮義之辨矣
何云○天然波瀾○○趣
下第
者方惘然也而比乗爲嘑爾之與而蹴然不我受蹴我亦蹴爾之與

郡考卷小題篋中集　孟子

靜考齋小題篇中集　孟子

而夷然不我屑則終未必其得我不惟不得我亦從而議我笑我矣

可知耳吾願受萬鍾者更反而思之

豈獨疑所識窮乏之得我者是周給之義何至與宮室之美妻妾之

奉同類而議得此文推勘到底然後夙疑頓解可稱快絕　原評

為窮乏之適以為我轉變無窮欲解人頗也非聰明絕世不辨知先

靈妙宗君真三輔第一有意人　化境

為窮乏之適以為我固轉得靈變矣實為我反衲而云為窮乏　乃更

幻也心如旋床技筆有轆轤

所識窮　宗

舍瑟而作　而歸　　伍祥麟

對聖有從容之度，聞其志而見其異也。夫舍瑟而作，務已不俟矣。莫春數語，何與酬知者不相入耶？點之志誠異矣。抑且夫撰之異者，即一作止間，其氣象固已截然殊矣。及觀其志之所形，似與[illegible]長之言相為懸絕。然他人異效于異日，此獨任取諸目前，要亦[illegible]成其異而已矣。聞之君子問更端，則起而對。點也絃歌介娛，即當舍瑟而對，以承命于先生長者之前，而乃從容紓緩，徐而舍之，而作也。君子已知其有蕭然高寄、怡然自適之志矣。點曰異，夫子亟欲聞其異也，對之以無傷，誘之以各言其志，撰之異，于是乎可見。雖然撰何異？異莫

歲入寧化縣第十名　汀州府

入闈校士錄

八閩校士錄

歲入寧化縣第十名　汀州府

春耶異春服耶異童冠耶異沂水舞雩耶異詠歸耶一如以爲異也則山林之士理亂不知黜陟不聞者皆得自托于山水童冠以自鳴其得意也如以爲非異也則功名之士一日而思三年一室而懷千里者似又不若風浴詠歸者之無求自足也點志如是誠異乎三子之撰矣何必日在春風何必日偕童冠即此一念之高寄已澹然有萬物在宥之思而亦何必不風浴而亦何必不詠歸即此一意之孤行已悠然有用舍惟時之樂要之點志之與豈僅在春風沂水間哉即舍瑟而作之時固已較然不侔矣其見許于聖人也亦以此

題易滄染茲獨簡以制勝淡以傳神可謂別裁

題解：本題斷制，固病根都在不舉不先，未仁人主一心為萬凡根本，傳肯確切指明，亦正本探源之論。

命也（單句斷制題　六股分承格）

李景嶧

弊有中于命者，以進賢之不果也。夫人君未有自甘于命者，然不舉不先，則固已謂之命矣。見賢者其知之否？嘗謂怠忽之習，任人者所宜戒也。（直善搶知先著論。）而有時即身蹈其習而不自知。（方切平天下者身上。）蓋以碩士當前，見地未嘗不明，而總壞于不肯決用之一念。（淨歸重處。）試為確揣其弊，而後嘆游移在君心，其貽憾于賢才者，有自也。（深穩。）見賢而不舉不先，是何故哉？人茍具精察之識，則吉人在望，奚為遇用其遲留？見之不舉，是明知為賢而故困之也。（承不舉一層。）顧以是賢也而胡為困之？若人茍有判剔之（清、机、徐引。）

側席 文選羊叔子讓開府表虽
側席求賢不遺幽
賤
論秀書升 礼王制大樂正
論造士之秀者以
造于王而升諸司
馬曰
進士
藹藹吉士 詩卷
阿藹藹王
多吉士
俊乂 書説
命旁招俊乂
列于庶位

明則側席而求寧能置之于少後舉而先是既信其
而忽疑之也顧以是賢也又胡為疑之若是是不徒野多
鳳慶端疑
遺賢有失論秀書升之重而已徵心無確見空勞遲廻審
点題歡飛 起筆卓立
顧之神嗚呼命矣命起于心之無所定夫苟中懷有主則
藹藹吉士早已登進于廟廊奈何哉亦既覯止而倔戒遐
括浮
棄也蓋人君方寸之明亦自知俊乂為国家之本而有時
許多史筆
宦官女子偏與以不容兩立之威則利口巧言已足惑聖
主之聰而使之漫無所定蓋惟此悠悠之意為大可惆耳
命成于意之有所疑夫苟識賞有真則落落名流自將薦

猶豫二獸名言遲疑不决也

弓旌 文選宣帝皇后令爰在弱

扱于暇陛奈何哉始抱其明而終淪于昧也蓋人主天懷之粹亦自知英哲關化理之原而有時媚子諧臣偏與以〔痛惜流弊可當輔弼〕〔箴規讜論大方〕有難並存之勢故明訓微諷均足中朝廷之隱而使之動〔其言動聽〕〔此逆見字退二步說〕有所疑則惟此猶豫之胸最足蔽賢耳苟其英才莫判或可委於予智之未足而見賢者則並非智之未足也彼惟〔恰是本題分位〕有智而不克即用其智則歉予怨焉欲奪半信仍覺半猜而急緩之情遂幾于一成而不變抑或作福非我猶可委〔此逆能奔退二步說〕于事權之未操而見賢者更非有權之未操也彼惟有其〔其言有物〕權而不肯急持其權則弓旌之典商確以不易行徵辟之

冠首應徵辟鑑晉
弓旌辟闈元
亮節義自高宋文
帝時三徵七辟不
就

書草創亦非易就而因循之氣亦遂興　丁丑世而莫爲士
沉○蓄○英○誕○
進而觀見不賢者之所以爲過不益見好惡之皆未盡也
誠乎○
抱上截上○不脱不粘○中間包括史事○遂以健筆○遂成偉
論名言○原評
題並有不夲不先二意○但平中帶側○乃肖本句歸注神
情○文○開講切平天下者立論○提承上文虛〻引入點落
命字中從命字抉出病根○包羅史事○切定發揮淺又用
退一層逼法○愈寬愈緊○直使題無遁情○也字躍肰紙上○

第二十一冊 卷六十二

享禮有容色

禮行于聘後敬而出之以和焉夫行禮于享之時固君意所由達也覿于手之有容色而歡之所在不已見其和乎且時至春秋玉帛之文日行于境外使徒奉命為兢〻何以通大君之意哉乃備物以為既不同端節之可尋而達志為懷若更見德輝之晝式則代我后而深其視焉蓋不僅儀度是飾而鵠吉名于斯昭也夫子之執圭既如是其敬已凜威儀于升降間已奉節而來前頤使物采未將不載君心之誠乎不知於聘而有圭以通其信者既聘而自有物以表其情安敢薄待隣封無以昭寡君之不腆膺簡命于吾邦不敢貽誠于顏

介頴彼謹凜稍嚴矣以見儼恪之存乎不知執圭而惟敬之存于心

折入有容色

丰度沖和

者薦物而貴和以將意安在獻琮列辟僅以彰使命之益恭故聘禮

既行之後而君固有享禮也抑享禮方行之時而予又有容色也君

既方臨以小臣而奉揚于殿陛則儼翼以飭志豈云盛德之多傷然

行出有容色

蒸容色

過嚴矣近于務也乃夫子則和平漸著雍睦而消亢爽之形樂易可

觀泮奐而泰溫柔之氣是誠油油而外達乎其有以通交際之深情

者又如此庭寔既献以下臣而總事于友邦則慢易以居躬或矣人

不庭容玩多是有容色

深潤推丁

情所不免然繾綣矣隣于玩也惟夫子以安和而達體望之者既為

可覘以令則以章身就之者不為可狎是始穆穆而致詞乎其有以

明貺問〻三息者又如此且享礼亦不一矣圭璧琮璜原以昭主君之誼幣帛輿馬亦以展物産之微是所享之物固有輕重之不拘也然于之容色初不因輕重而以或有或無者貽僭越之羞故雖積弱宗邦而迴易之休光自足尊崇其社稷（英華煥發）抑魯之享礼亦不一矣晉楚齊秦備幣物以勳洪祉御鄭滕薛奉貺以報其來朝是受享之國固（俱見典雅）有大小之不等也然于之容色斷不以國之大小而以可有可無者鬧兵戎之釁故雖一介行人而雍和之令範自能修好于群侯造觀私覿而夫子之儐也四方不于此觀禮哉

根從為聘執圭跌入出落有情不蔓不玩寔發有容色確是大

禮業小題　上游

聖時中之德〇總從夫子發出維持國体〇結好隣邦二義〇氣勝崇私〇

有播笏垂紳之度〇

亭礼

# 享禮有容色　二節

江蘇劉學院歲　吉
丹陽縣學四名

以禮於既聘之餘而和有遍加矣夫享以全其為君
臣心當所以展情也情深而氣和聘禮於是乎成嘗考鄉黨一書
聖人主敬之意居多而有時以和申其敬者大行人以賓禮親邦
國其間勞迎揖讓肅體統也而兩國協氣之交通寔於將幣時
達之故其情主和而聖人之情有兼盡聖人之和遂遍深如執圭
而色勃足縮者大率在賈人啟櫝取圭以竝君側襲受玉時也而
過此有不同者至敬不假物以為禮然寢門布幕君未授圭宮先
從容焉雅有佩玉垂紳之度
陳幣故升檻致命已通贈荅之書而昭和會於繡琥黼璜寔哉君

德之藥嘉以上報一從君則人臣無私交若奉命張旝上介既覿私
璧有可告屡辟幣故徹几改筵敬拜宰夫之體而荅恩榮於東錦
總焉並齋小臣之繾綣以來賓自是而有享禮自是而有私覿[illegible]
則禮雖备致而享非皆主於達情哉一縞紵之歡技贈焉而[illegible]
夫君與物而同享直與龍句雖𢑥同其鄭重回念君命誠[illegible]
奇藜滄道風别無長物以為壇坫既維茲不朕繼好敦篤乎[illegible]
其遠茲悃愫推此意也情餘於物愛篤於恭設備焉德意為[illegible]
而我寡君中心之好僭物之誠反因辭意之踴躋而併擯非所以
答美好也琮璧之獻報嘉焉而已别於上方纍器而曰臥亦同執

羔執雁初覲龍光　願念君有命矣予大夫以伛僂承家夙有謙光

寔賦上截止透起下截精文流茂

足為他邦望尚脩菲儀荅乃三積惟大國亦嘉爾温恭推爾意也

畧分言情用下敬上設惕惕焉過自歛抑而予小臣覲光之慶戴

德之忱及因儀度之兢惶而不浹非所以昭忠愛也繼我夫子以

和抒敬而和亦不同聘禮畢擯告請出夫子曰黍皮幣之無文敢

補筆詳細

藉茲璧比大君之德焉至若玄纁加琮寡小君其更不忘恭也肅

將嘉命而情以文生視前此之立接西墍退負序端其嚴肅為步

舒矣吾得而擬之曰有容色享禮畢君請禮賓夫子曰念載贄之

未遑顧竊有獻惟下吏之納焉至若玉錦儷皮則從者將並邀餘

春也歛伸微㦤而儀與氣融視前此之束帛而璧有加攝皮而毛在内其情致為倍媺矣吾得而擬之曰愉愉如蓋聘禮於是乎成矣由是而賓出告辟還圭璋致饔餼皆如將幣之儀其雍穆當不改乎此度故不書也

古雅似左氏傳詳整似班椽書　吳牧園

高在生韻逈出不獨以雅贍為工

享禮有容色

二名　李煌

享以成禮情紓於既聘後矣蓋惟和以濟敬則聘後之容色可覿
也其才以為聖人之享禮聞之周禮小行人合六幣以和諸侯之好
為既聘以後言之也而前何以齎遬繼何以紓遲其文或不傳蓋
尋聞方見
聖人矩矱之從尚
詳於脩物而略於言情歟非也要亦存乎情餘於物者之自為呈
露而司儀者不紀焉則有如我夫子執圭之容色既嚴且肅矣至
若聘之明日受贄之儀甫畢將幣之禮斯行今夫小聘曰問有見
禮有獻禮不言享三年大聘於是乎有享覿享以馬會享以皮享
高　留　蔡
之名不一且禮隆則享從而隆二王之後圭璋特矣禮降則享從

甲午墨卷鵰裁　江南　元

一層　主位　急
而降子男之國琥璜殺矣魯侯國用圭束以帛享君用琮加以錦
此方備
享夫人帝夫子而顧異是雖然多儀具庭寔陳旅幣無方土宜是
逆起下截
別而行庭見廟過為斂抑如合好何不然而誠意散矣失則踈顔
分寸
色逞矣流於放縱合情飾貌而辱在君既又何為乎諸侯之庭維
容色正面
我夫子發氣盈容藹如也藹如者暉吉揚休玉色晬然也晬然者
根心夫五官致貢亦以享名矣顧貢屬君分宜肅也享屬臣情
宜舒也禮有體為飲亦以享名矣顧飲以主達賓示恭也享以下
親上貴溫也則志敬節具而禮意脩亦志和音雅而悃愫通其有
容色也其視執圭時之嚴且肅者何忽改乎此度也哉若夫拜受

不拜送有司告備如常儀成禮而旋曰其君受享於其官君頷不
逆恧只其容色又不知何如也而公事于是乎畢
上裁還他確據下截出自聖人數典議禮精理名言可參名儒
下席吳青于

江南

有容色私覿　江蘇張宗師科入

奉賢縣一名　何一碧

和著於享之時可更覿於私覿矣蓋和亦以將敬之名而公未嘗廢私乎

既有容色於享之時矣而私覿不更可覿乎嘗以聘問之有儀也非

以祇將敬則寡君亦如之意不佛非由公及私則下臣覿止之思莫

題聖人於此也既著之矣復勤夫請謁豈曰伉儷不形奉公已可無

泰而還不必自通其款洽乎如聘之有享禮也始而奉圭繼而納幣

○原○評○失○不○無○病

夫子已再覿夫寡君矣然其庭實旅百惟是輸我后一感之而[illegible]

外臣之私覿廷宗邦之脩物而非欽一己之私交意太子敬爾在

猶未改其勤如之終乎乃徵而覿之爰有請上可覿之象[illegible]

考卷[illegible]類[illegible]　上論　劉載

繡黼之謂所謂發氣盈容皆是也徐徐而察之更有溫正即之
於皮馬圭璋之會所謂溫其如玉者是也聘以命圭以為有那之不
享而享以土宜又似與國之私情也夫子所由有容色皆和夫容色
因享禮而有則君王聘意於以克伸而君既北面以拜賜使亦日中
而禮成禮儀卒度之後似可公爾忘私而容色惟享禮而在則臣子
衷情正多未展而大君既有多儀之享微臣亦有不腆之將笑語卒
獲之餘無不情殷私覿則試更以私覿觀夫子之臣無越境之交所
以祭伯之來不稱王使而私覿非其比也夫子不猶和而自宜及於
私故嫌於氣逆人臣見諸捧璧陳詞之際而於以微文之獻聊抒習

懔於小心。嗣君無嘉服之見。所以罕虎之請繼也。君類爲私覿。又非

其倫也。夫子不輕覿。而亦不廢夫覿。故雖容止可觀。已昭於束帛加

璧之時。而愛以薄也之陳。更接龍光。夫當宁斯時也。謂以展情非等（恰如題）

上之告之意。以下而表上。謹修贄見之儀。吾不知邦君之覿我夫子。其（原評對面借說巧便）

容何如。其色何如。其容色之異於享禮。又何如。而第思以臣覿主。得

毋勃勃如者。仍在而頓改其容色之和乎。孰知愉愉者。其和更有加也。

句法妥停。詞致秀潤。　原評

題位截斷。極清。文筆雅潔可愛。一種藹和之氣。揆揆眉宇。更能

寫得聖人氣象出。

有容色私覿　劉載

歲試桂陽縣

學一等一名 何正名

私覿

繼享而覿展私情也夫不有私覿之禮臣心何由達乎繼享而覿夫子亦猶行古之道耳聞之人臣義無私交大夫非君命不越境則一旦出聘隣封豈敢以𧶼𧶼者干大典以取戾哉顧不可上陵者臣子之分而不容或僭者臣子之忱正不得謂大禮克將無庸區區之私情爲也享禮而既行矣此時之圭猶未返也當聘禮告成之後正使者達情之時蕭然褰於殿陛不至躐越以貽羞僭過此以往而君隆懇惠之織臣鮮報答之文則情誼稠疊其何以亢孫篤典裳天賦於咫尺業已君命不辱乃過此以迄而許函

賁之旅臣亦效其然之將則儀文何其無足以表厥心必有
所以伸其私者情在即禮在也吾黨亦樂觀夫子之覿矣奉君命
以會時事豈敢偕茲微物為境外之交特以一介儒生幸與行人
之職得沐榮施竊醉飽之德矣況乎魏家山桑波及臣家如天
之福其堪屢邀乎吾之覿也上之不敢如路車乘黃動于大典下
之亦不至執雉執鶩殺其禮文維茲束錦用以表中心之貺焉耳
矣越山川而修舊好何敢漫具隆儀階私覿之腆然而小臣不敏
幸陪聘問之班得將龍光殆逾筐篚之樂矣獨是羽毛齒革君地
生焉拜賜之稟爺難為情耳吾之覿也進不敢如瓊琚玉佩上擬

邦君退亦不至如言志賦詩節樂儀物維茲不腆用以抒一日之情儔耳矣是故覿乎君也兼覿乎臣出謁有載質之文同寅有協恭之義殷殷焉寧遂忘之縱主盈主藏儀節不無或殊而藉以將一己之悃忱祇覺物雖微而用可重抑以我而致覿則全乎臣也以彼而受覿則又全乎賓全乎臣者臨以分全乎賓者聯以情至坐寧有別焉雖君禮私情文物不無或殺而藉以達此日之衷曲祇覺事雖私而義則公擬以論論夫子之見於私覿者又如此

玉節金和有書有筆

享禮有容色

十名汪鋼

和以行享達情也盖既聘而享享禮也不和則君之情無由達夫子之色所以異于執圭時與嘗觀春秋之書聘詳矣内曰某如某外曰某使某来聘而獨不及享說者謂春秋之法書其大者盖言聘而享在其中矣然聘之可以該乎享者春秋有約舉之義也而享之不得同于聘者儀禮有各盡之文也則嘗于既聘之後觀我夫子如執圭之容既一一昭其敬矣其昭其敬者何也曰聘也非享也盖襲而執圭則主於敬裼而行享則主於和質文之變禮則然也在禮小聘曰問問則不享大聘曰聘聘則未有不享者也公裼

降立賓入將幣而禮于是行矣夫享有物有詞有色不言其物者享君則束帛加璧享夫人則元纁加琮物有常故不書也不言其詞者使者受命不受詞詞無常故亦不書也蓋享禮之難莫難於色耳忠信之情假之於臨時則不肖愷悌之氣必積之平日而始生其在諸侯朝天子凡行三享於廟中而識其享亦識其有不享必有揚休之正色而後可効媚茲之意於一人其在外臣聘諸侯又合六璧於堂上而行夫禮不必其深於禮設無棐嘉之令儀何以繼先君之好於二國禮有之當享發氣盈容吾夫子之色之有容也有異於執圭時者夫及竟而習公事習其容也至郊而展官

幣展其物也況乎君與卿圖事於始宰與史久幣於繼而璧琮之受等於六璋為誠重其禮也不有容色其與郤錡之不敬事孫子（仍如中博）之無悛容者相去幾何哉若是乎夫子之行享稽有以達君之情（稱）而為國之光也抑聞之唯聞有献不及夫人聘則兼享夫人不書（筆更清）者統於君也若有事則既聘而享奉書將命不書者無其事缺其文也迨至賓告事畢公請禮賓而私覿之行又可以觀禮於夫子矣

以儀禮聘享立論詞無枝葉筆具鑪錘却于諸經聘可該享問祇有献暨諸侯朝享等義無不囊括其中一望知為名宿　吳青門　于

[illegible]墨卷鳴鉞　江南　元四三

享禮有容色

名十二 汪朝鼎

即享禮以覿聖容有寓和於敬者焉夫享禮所以通情也既聘而行享宜夫子之有容色哉且自兩君之情不能自達而後假物以達之此其款曲之誠固非必出以矜嚴之氣矣而或將其事者未能體其微則齋遬而作如有藉之承斯儼恪而轉失見羨之意惟聖人敬謹與怡悅交融既以免隕越之羞而即以著溫恭之德而禮意於是乎昭焉如聘禮既成吾夫子猶未敢斂容而退也考之禮有日陳幣廟門外俟國君受圭畢擯者出復請入而行享禮蓋束帛加璧所為繼彖圭而修好者典禮復如斯其重之且亦思何

直起

帶上反入細潤

為而有是享禮也哉（并觸題下截）。蓋昔先王知列辟恪恭奉職而不欲其兄弟婚姻之好合於始而暌於終故特於致覲垂纓而外制為六幣以言歡而輿馬圭璋遂藉以展鄰封之誼在群侯既克修歲事而尤（沉水一氣）欲懿藩翰股肱之屬固其交而息其爭故復於聘圭傳擯以還特借承筐而展意而羽毛皮幣遂用以申修睦之忱若是者禮也即（説來獨見分明大方舉止）所以言情也且夫禮有時而重於情者則情因禮掩而容之所為主乎斂也情有時而溢乎禮者則禮緣情著而容之所為宜乎舒也是正可於享禮之方行而觀我聖容之有異第謂庭寔方陳貴有從容之度此亦盡人所易知所難者在執玉謹恪之後耳夫志氣久斂者難於驟變則神以震動所不寧即强為發舒而矜持彌甚問有嚴而能泰者誰乎我夫子當神明斂抑之餘以無懈者存嚴肅之天即以可象者著安恬之德而謙光可挹直使寡君之情愫曲致於黼黻繡琥之前則以為一於恭而不似者以為一於和而亦不似也有如是之德輝呈露也已第謂土儀方列宜昭巽順之風此亦盡人所易能所難者在小心聘問之後耳夫神志久戢者反覺易弛則機偶縱而即逝即力為防檢而發氣易盈問有和而不肆者誰乎我夫子當中懷謹凜以後以藹若表淑人之儀仍以寅恭昭使臣之度而意象可求直使兩國之情文默會於獻帛

相承

如此形容筆妙間有二旁色

下語句有對待

此處對下文字更細

陳玉□際則不得擬為作肅之有餘者亦不得擬為致恭之不足也有如是之輯柔共見也已夫子之有容色也如此是知命行人而展禮在主君原不憚多儀偹物以敦親睦之風亡奉琮璧而將誠在聖人乃彌覺履中蹈和盡泯矜持之迹若私覿則又有異矣

佳　叔東亦

典寔祇于起處叙明兩提客位通篇從敬入和斂氣歸神細意熨貼非丹戊九轉那克有此揣摩成熟之技　吳青于

享礼有容色

汪宗院岳批取

化府李宗名　林帝選

聖敬形於和，可於享禮覩之焉。夫聘之用享，所以將君之敬也，而夫子則有容色焉，其和不又可擬乎？且臣子值聘問之秋，其卒度者固一不一，其儀豈區區庭實是陳已哉？不知道慇懃於万里，稱職聯聘在綜心紛紜雅觀於九天，誠中形且形外。其爾時之發氣盈容，苟非從容此肖中，將何以令人樂觀於其際也？夫子之執圭已極其敬，斯時也還玉，於層層翼翼似已少紓，釋而持有執度餘怡恭，詎盡矯跡，夫鑰其手足，固凜天威之隆，尺天下有藉乎臣以將命者，未有不假乎物以周旋，故臨羅列從而不靡，內而之所藏，以致其欵洽，仰欲其身固屬微臣之職異古今有閭道里以聘問者未有不備緍玄以贈遺故備辭好會問不斷外廐之所畜以遠其儷物弟見庭見之事告成而聘享之禮伊始今夫享禮何向昉哉在昔兩君和好行人則合幣有六其間有所謂束帛加璧焉有所謂皮則攝焉不必皆拜跪以獻而凡用璧用琮則曰寡君之識亦曰寡小君之敬此固盡人而皆然也然而歡而能和猶令人凝議而不盡者則吾夫子也凡人不能豫辨于平時而徒矯飭于一旦則欲獻焉而心不安欲强焉而容又非其也若夫子之享禮果何制而强乎本溫良恭儉之風而載命益形其謙愉不以使來帛乘皮而答禮有容氣從而祗此束馬方陳緋紱有南之絲而休予其徽容自如乎

其多姿也，有和順而無乖作，盖雍〻乎若其秋肅於春溫也。抑人不知靜
養於匡居而徒狎雜于当下，則欲假与而志不從，且欲飾与而色難掩也。夫
于於享禮又何假而何飾乎？本中〻天〻之象，而覲君益形其肅恭，故
不特於匏系山桑承君貺者皆中節，而祇此圭璧以陳，帛幣以將，而藉
乎其有色，有溫乎其如玉也。有從容而無拂戾，盖藹〻乎若化陰慘
於陽舒已，則勿謂視不勝揖授無稍減也。向也和在敬中，今也和形敬內。
羽毛齒革之屬，盖曰不腆敝賦，寡君使小臣奉命，幸拜下風於大国。若（全和平[illegible]節吉光莊茂）
者梯于山而至，若者航于海而來，其一時之拜王賜言，似不若執圭時之鄭
重徬徨。抑勿謂視戚邑有循為稍紓也。向也敬中有和，今也和中仍

敬輕煖采色之美亦曰維兹薄物小臣辱吾君有命寔無縕婦于斯
人者精與南金大貝同其產若者與作箭樺桐共其材其一時之書恩對
揚究何殊于執圭賜之却顧徘徊夫子於享礼之献則如此夫在昔萊兵致譚、霞成紵
却消干戈者不外立誠片言退者夾谷尋盟服樽俎盍于外敦信数語今又敬
而能和焉則君亦何幸以夫子而當此聘何乎而況覿其私覿則又愉愉
如也是之謂邦交之礼

享礼　二　林

享礼有容色

汪宗師歲考招覆
莆田学第三名林應珂

記聘礼於享其色之和可挹也夫享礼展君之情也何異乎爾異乎其有奉色也圣敬如是豈犹夫人之享礼乎嘗攷使臣之行聘也当其未及郊壇三展入竟壹肄之初君命習享是享也者未圖事而將厥似寧成礼而无以伸厥彰乎薀屈纏還其圭既有以通輯睦之意而前席陳其幣自有以徵發氣之容殊令人於拜獻下挹其和而加見爲執圭之容既見其敬謹已斯时也任行人以襄合好乖纏受圭非同于束帛加璧之时敬之有加先已者正以圭虽微物典禮綦隆也君既圖敬委草莽截犹是慎其似于文馬未陳之先奉寡君以会

時事厥明釋幣不類乎退館（致命張友）還圭之辭敬之擬議難盡者非以圭將
其文儀則不典也此禮先敵等幷髦乎依去將其度于圭璋未獻之
問居先何擯者入告聘者還圭曰好合禮成矣由是而旅幣陳乘馬
獻向之如不勝以至如有循者至此而有容色矣物不足以昭人之
盛意從盤飱賓饋亦恭等下義前爾之享禮果何如乎儀雖不及于
物而加璧加琮堪稱盛意之所存若曰寡君以適之云遠未去竊造
聘借以幣旅儀用伸縮交之道于小臣其敢不稱兼爾顏乎達雅于
一人即以邀寵靈于兩國吾見溫乎如玉者其色嘗備圭璧琮璜以
俱呈已物不足以彰人之雅則縱納金受玉亦竟同于虞拘爾之享

礼豈第是乎情則有餘於物而以圭以璋悉修雅貺之所致[illegible][illegible]君以歲之不易弗獲時見聘其一介微情用聯故舊之交于下臣其得不藏嘉爲慶乎致悃惋於爾止即以通好會于厥鄰吾見諸乎爾凡者其色常挾與馬皮幣以俱流已由是享其君并享其夫人用璋用琮皆如聘享之礼明乎與君敵体者與有崇施也試觀毛在內而皮則攝其獻納之常恐以褻越瀆慢實在廟而旅州百其薦陳之又虞以尤屬貽譏當前此之鄭皇雖弗克見而方其具物納款肅然起敬之內鬱充溢于三揖再拜之際也臣享君亦使卿享臣東帛東紡皆如將幣之儀明乎爲君行礼者咸有拜嘉也試觀郤有旁而

陳禮亟其咨賂也所以覿我后之命於賄有贈而辭乘皮其展情也
正以伸主君之緒好覺後此之儀惰雖未之知而當其備悱悰辭欣
然綢繆之中有情有文更自形于肆筵設席之地雖然享饗後乎還
圭色著柔嘉既見君心之克展而公物先乎私獻志切投贈尤覺臣
禮之有加記曰大夫私覿以伸請也什之聘洵足以爲國光哉

# 享禮有容色

汪學院歲進莆田縣學九名　林龍文　于藻

既聘而享以和伸君之敬焉夫有聘必有享禮之常也而容色之有實以和而伸君敬也故記之今夫人有情不能自通意不能自達者則必假于物以通其情托于儀以達其意況當聘問鄰國之際苟庭實既獻而亢厲以將是享之指儀不及物何以伸吾君之敬耶聖人（和後敬生認題獨精）于此所為本寅畏之衷呈藹吉之致肅肅者復見雍雍用以垂禮法于不替是可於既聘後觀夫子矣當薦幣陳帛之會正通情達意之（勘題情切）時情不屬則志不誠雖前列有龜金之寶服猛有虎豹之皮爍設之輝煌厚於物而薄於情曷由見睦鄰通好之誼意不敦則心不摯雖

拜獻有琮璧之珍陳設有竹箭之美盈庭之交錯禮有餘而意不足
何以見倫物盡志之恍要非所論于夫子不見夫受玉之後將享而
形其桑嘉拜貺之秋當享而昭其雍睦吾黨從而想之則以為有容
色云非有以通厥情也必無可以通寡君之情享有容色子之通已
之情即子之通君之情也念昔者皇華方賦我君之中懷若結惟藉（筆墨飛舞興會淋漓）
此皮幣玩好以導其情焉今日者予小臣褒茲嘉會爰本此情以通
之而從容笑語相接于陳獻間者覺情之所至色已寓之色與情渾
合而無間而莫為而為莫致而至將筐篚亦載真情以俱出而何有（精語）
于徑情以取戾者哉非有以達厥意也必無可以達寡君之意享有

容色予之達己之意即予之達君之意也憶昔時南鄉授使我君之志念殷勤恒藉此車輿服物以寫其意焉今日者予小臣逢茲大典惟本此意以達之而揖讓周旋相孚手拜跪際者覺意之所抒色已呈之色與意不謀而自合而肅然而拜爍然而陳將元黃亦載盛意以俱流而何有于肆意以拟元者哉一繁飾而存和易之容其情必不

情意二字變化

協夫親戚往来之間豈少餽遺然亦由於情之至此以見古今皆有

浩瀚玲瓏、

情之交際異地也而遂情協焉主君之纏綿以使臣之遜順出之覺

融洽、

節和音雅書卷之氣盎然

圭璧雖文悃愊足表納金示和之下溫溫乎其恭也已虛偽而假徽忝之色其意必不伸夫賓朋交接之間詎乏投贈然亦率其意之誠

此可知生人皆真意之流通拜獻也而雅意伸焉交鄰之世好于轉柔之爾顏著之覺輸納雖小繆綢無盡還圭受幣之際藹藹者其度也已此夫子以和而伸君敬也至于私覿則又以和伸己之敬矣

汪太宗師原評　筆致舒展

邑侯高老夫子評　要遼穿藹華實並茂

潤澤豐美技至此不留行矣。余秉鐸莆邑按月課士龍文兄弟屢冠儕偶前科試已進邑庠以重卷見遺今逢歲試復與其弟龍試龍華仝掇芹香其胞伯學曾長兄龍朋喬梓俱蒙招覆食餼誠一時盛事也轉瞬聯翩余將拭目以俟　本學顏老師評

△○私覿

山東王宗師歲考
文登縣學一名　徐士林

總享而覿公不廢私也夫覿以伸使臣之情豈得以私爲嫌乎較之享禮抑又殊矣且臣之奉命而使也爲公乎爲私乎古之人常

○○○隨○用○史○事○辭○入○○

有好合禮成而門無私謁者非公進燕會之餘且欲望其顏色接

落法老

其話言而不可得況敢懷二心以取戾乎而禮之有私覿何也盖

此比賓

先國後已卑讓之道也如天之福徼其怨以相宥下臣其何敢德

此比主

君事未畢雖欲私面而不敢也而自上而下隆殺之儀也以君之

肯○左○似○自○已○出○○○○隸○用○

靈得輒命于執事行人豈無禁施賓禮告終即不私獻其能已乎

從君來臣不敢私見以君命聘則有私見○立論本禮註

從寡君以會時事儼然圭璧以相將是之謂偏偏則有外交之嫌

今日者寡君亦儕于適長耳畏此簡書大夫寡專出疆之命邀君寵于殿陛繼茲不腆藉以拜手焉禮在則然夫豈以賤妨貴也陳旅幣而示無方修然進寔以相見是之謂僭僭則有貳君之罪今日者旅幣誠不敢具美矣奉其土寔小臣寔覲上國之光沐餘歡于東錦繼茲鄙忱敢冀明鑒焉行古之道夫豈以小加大也況、自刻勞以來臣之受賜亦已弘矣嗣是食則繼壹饗則繼再時賜而無數者其何日忘之也有以覲之庶彼有以來而我亦有以陞也且、自贈賄以後君之遠愛抑又殷矣即令宴有好貨食有陪鼎加禮而重睦者外臣寔親被之也有以覲之既以為瓊瑤之報而且以

本進寔旅一百何為乎諸侯之進互論

私禮減于享礼乃不為僭今來

五兩二比則清礼制此二比乃推出行禮之由

文情以深至

為桃李之投。雖曰匏豕山桑，充于天府，其薦陳之懼以褻越貽羞。然而蘊藻蘋蘩，可羞王公，昭忠信也。寧以菲薄滋戾，前之羞薦是陳，贄也，而非以為覿也。此亦猶我后之命圭焉，惟以伸信耳。今之與服，是獻覿也，乃所以致敬也。此亦猶吾君之享禮焉，永以為好耳。而是覿其君兼覿其臣，或耑以馬，或兼以玉，用將友朋之好耶。至燕請相贈，要皆固其交于百年，則私正以全公也。吾子何不然也。由是私其君并私其臣，彼贈以縞，此贈以紵，用彰酬酢之歡甚。至封樹無定，無非借其庇于兩國，則覿亦不異于享也。吾子寧獨否也，而色容則又異矣。

駢題典博萃三禮之精華敷詞韶秀割左氏之膏腴譜音節光下筆有神其是之謂矣　周汝條

逐層梳剔無義不到而用筆更饒古韻乃知才人體中不讀周秦以下書

私觀　絲

享禮有容色私覿愉愉如也　翁若梅

覿聖人於既聘之後有遇見其和者焉蓋享禮視聘禮有間而私覿較享禮又殊容色也愉愉也子之遇見其和也如此且人臣承君命以篤邦交有將敬之時復有展情之候而有以展君之情者亦有以自展其情則嚴恭轉為溫恭當頃之輯柔酬顏有令人挹之而無盡者則且於執圭之後而徵我夫子撫主幣之在躬官骸胥形其悚仄雖有夕幣弗敢陳也況微臣之土物乎故人謁入餼正未嘗藉修好之名而自炫其和雅乎禮儀之卒度主賓漸罄其綢繆屬在陪臣將有獻也矧我后之庭實乎則以整以暇漸且竭

氣度和雅

公私之禮而歷著其雍容盖既聘之後有所謂享礼者焉所以展
君之情也又有所謂私覿者焉所以自展其情也吾子於此宜何
如者今夫享者献也當前之雜然而陳猶是主君之物而非已物
也拜乎以將何弗凜凜乎（為臣代之懷）傾較之命圭輕重判然矣子若曰寡君
想望顏色無以為君歡惟茲圭璧於以象君之令德映照四隣也
幣帛與馬聊以充君之外廄外府而娛耳目也則安得不濟濟乎皇
皇以通情愫乎記曰發氣滿容斯焉有之未幾而私覿矣考之禮
人臣無外交從君而聘則不私覿君使之聘則私覿禮也即情也（委婉入情）
子若曰下觀事以君命來繼舊好薪芻牢醴君之賜多矣愛有不

腆之物以仰酬於萬一君其納之斯時也銘君之惠忘君之威視向者之容色不又有進焉者乎試為擬之愉愉如也盖使臣當言情之候而仍將以僾悕其情將釁而弗伸夫此國交歡而禮實有（三○儀○精○切）典彼鄰君亦自損威重惠好遠臣耳苟當承筐是將之後不改垂紳以進之容其又奚當乎聖人於此享多儀而早鳴其豫晝三接（古○律○清○和）而愈飲其和藹乎可親有不醇醪而心醉者矣嘉賓當致敬之餘而更蒞以齋莊其敬亦拘而不化夫覊臣就館而既聘還圭彼列擯亦幸免愆儀漸紓頳色耳苟日中禮成以降依然質明行事之初何太嗇乎聖人於此主臣交致其慇懃而後先胥形其樂易

雍然相對有不[illegible]懸而神移者矣子之於享典覿和而又和如此

不近喧譁自然幽雅　湯孝基

綏帶輕裘雅人深致文之以度勝者　受業程宗彝謹識

# 享礼有容色

汪斈院歲招覆與
化府斈　名
唐煥章

覘聖於享時其容可掬也、蓋聘一於敬者也而至于享則盡乎情矣、故於享時覘夫子而即可徵夫子享時之容色且礼者敬而已矣敘實內外徹始終原不惟其物也頓盈庭充仞燦設非煌藉使臣以伸式好言乎盡物即以盡志耳是礼不徒一於敬而貴通之以情則聘在既聘而享可知也稽之礼罷為前列金次之虎豹之皮示服猛也求能加璧尊德也是之謂享礼斯礼也何礼也和敬畢至情文相生弟吾夫子於此三揖三退負序降主国之君乃裼擯者出請夫子亦裼蓋亦难乎其為容矣而孰知夫子之於享礼無是也吾覺窺之則

以為有容色云蓋自敵櫝以來始有此鮮舒之一候而頓以一于薇
者聞其夷懌是委君既于草莽也而況琥璜繡黼潤澤之質自呈焉
予小臣辱在承流敢不以和煦之氣將之偕非土實之故烏有此柔
加之可挺而乃以過于拘者忘其肫懇是開重幣于強仁也而況金
和玉質章相之來自露焉予小臣幸得覲光敢不以和易之顏臨之
前比與馬以命行人寡君之色有加矣今者或獻其君或獻其夫人
禮固無斁也而藹吉流嶶亦曰無忘寡君之命繼者加樂以會時事
在廟之色備至焉故或貴者在先賤者在後禮甚有別也而和氣盎
豈祇是謹修廟見之宜凡此皆盟人行享禮之色將其敬寶無不達

其情也爾是時舉舞秋郊帶不舟贈賄無聞惟旅不腆敝賦疲於奔
命大國且饋其無藝之徵大者又專為越竟之交此南箕北斗日星
其象於求金求車時聞其語禮文禮意幾不白於天下矣觀于夫子
而知圖禮以寫敬因敬以達情

古色雅然三代法物 原評

○○○享禮有容　二節　榜姓王　黄學院月課泉州府學第二名廩莊名夏汝瑚

和以達情，享與覿皆然矣。蓋享禮也，私覿也，皆所以達情也。有容愉愉，夫子其一將以和乎。稽古人臣之將聘於他邦也，亦授圭而先授幣，故元纁束帛，乘君之厚意有加焉。下此而不腆之供，微臣亦且備以薄欵。苟當殷勤獻納之際，而或過即于拘，過傷于厲，其若通好之情何。若吾夫子於執圭之後，則有興。當是時，主君業已受玉于中堂，則嚴畏不妨稍釋；上擯猶未還玉于客館，將悦懌以揚休。吾見其既聘而享也，入門而右，尚循三揖三讓之文，而琮璜圭璧之陳，有輝映其間者，已無復勃如之戰色。舞號以獻，常懽隕越不共之罪而皮幣與馬之旁有溫然可仰者第覺其發氣而滿容將之以容色夫亦謂寡君之情愫於此導將余小臣恭敬以允屬者失二國歡歡乃未歡而享禮成矣覿告事畢而主以禮饗請矣獨計隣國小臣息邀君命來脩大國之好寵籍一二微物得克下陳此私覿之禮所由來也而未矛累何以自申其意也哉此面而冀幣束錦其無辭也顧始也為公今也為私遂不覺樂易之觀著于面顏之際再拜而稽首乘馬其有加也願始以公見今以私覿遂不覺冲和之象見於動容之間一徵之曰愉愉輭諸享禮時益以和矣然後知通君之情與奉君之器異行己之禮與通君之

情又異有異者雍容推致漸展漸舒而無異者藹古深情可親可想夫子之既聘而和也大約如此自是而適館矣自是而還玉矣其皮弁以迎兢兢業業亦想亦無以異于執圭時也故皆不具論云

黃學院原評

享禮有容色　一名　章道鴻

禮以享爲盛聖人所由舒其容爲夫享者聘禮之盛也禮盛而夫
子之容色可觀蓋和由敬生矣嘗讀周官司儀一書其言將幣爲
藥源
獨詳誠以旅擯而致之以三辭及廟而行之以三揖讓雍雍斯
兩國之好可和而賓主之情永洽也聖人夙懷典禮而庭寔方陳
氣清劉記者
固舒其嚴肅之概有令人於畏敬之際樂觀夫動容之中也矣執
圭而聘予之斂其容者以君之命圭故也若夫已聘還圭璋而仍
提
有所謂用圭璧者則享禮是已自大行人須制以來侯甸采衛時
統舉數典便覺壯氣如虹
以玉帛相見故五積三問四積再問三積一問為大賓之行享

也則宗卿是仰豈僅執信圭七寸而無土物之修小行人協儀

從兄弟甥舅均以親遜相先故圭合以馬璋合以皮璧合以帛亦

為大客之行享禮也則吾子來前豈徒奉繅藉三就而無燕珍之

獻然則既聘而享禮莫盛焉而子之容猶復斂焉否耶鸞旂今來

至矣而百穀時屢於雨膏乃大夫郊勞致館如初致食如初無莅

不以我后之尊優重下臣之睨固宜歷階而讓顯成夫為龍為光

之燕饗六路今來臨矣而鼻味不至於差池乃上相廟迎車進則

拜受幣則拜又無在不以一介之使儼承三接之隆自宜登堂而

授宣昭夫令儀令色之聲施惟然而子之容色以舒矣惟然而子

之容色有困矣氣象根心而見心紓夫謹暢氣象遂藹然其可親
子之有容色知其所以贊與國之喜也夫齊晉迭覇之年盟會未
休列侯次陵涉山川之慶茲之黼黻在廷者何其康以樂乎輶車
原該內禮在內
啓齒之邦長此無恤禮之用無繪禮之用無荒禮之用而誰以享
又用下一層襯墊
禮睦乃四鄰矣吾觀趙孟之賦常棣范宣之賦黍苗尚能為國息
一總卻別得
一時之爭而子之發於容者原不致啟猜嫌之釁則準諸慶賀以
肯
贊喜而氣象不與盛禮並傳哉威儀本心而著心成乎愷悌威儀
緊切夫
自充然而皆楊子之有容色知其所以除本國之慝也夫襄貽繼
子時勢
序之日悉索來寧我公有蒙犯霜露之虞茲之璜琥是將者何其

矣以平而鬼緯亂紫之壞長此無贍補之求無稿稽之求無賜委之求而惟以享禮慎同封守矣吾觀武子之賦形弓穆子之賦采蘩且足為蓿受一時之禍而子之著於容者更不同于緣飾之私則準諸服順以除慝而威儀不與大典並垂哉若此者代君以達其情也情達而後有好有好而後成禮君子謂和由敬生于直無愧乎同儀一書矣自是而私面私獻則又加和矣

自是身體後待數

聖人容色因心作則固是動容中禮文更引經據傳氣象籠罩萬千

呉青于

享禮有容色　　張金堡

已聘而享聖容可挹焉夫聘主乎敬繼之以享當兼伸主國之情
子之有容色也君子於是乎覲禮禮之有聘也不惟物也然自持
遠而外又必有物以克之則此中之用意要非侈陳於一日之間
可以畢乃事也以嘉君好以明國恩使者身與其中有令人會乎
其微者君子于此觀禮焉子之執圭也難乎其為容矣然其時猶
未享也遂執事之不陋藏玉以待則命之未致敢先藉手而薦陳
即夫君之有命載寶而前而器之未還尚須務時而拜獻聘而後
享禮歟顧享禮何如者今夫禮以少為貴亦有以多為貴者享是

入○手清老
筋○脉○搖○動○
句○斟○字○酌

數典漢人家法

也稽之禮龜為前列先知也金次之以和居參者也虎豹之皮示

服猛也束帛加璧尊德也是之為享禮也一不腆土地之資以別圭

淵

璋竟夷然於堂陛是忠公也小臣為國何處可以藝將此享禮也

補葉典紐

獻其君與獻其夫人於禮無盡弛其敬一然祇此方物之陳儼同主

合

義本春秋

器竟爾爾以拜納是無別也下臣奉公隨時自將其德意此享禮

轉筆便攝有字真脉

也貴者先而賤者在後于禮亦半屬言情予何如者一其先之陳於

自然波折

旅也必親陳之其後之獻于君也必親獻之此可以觀禮度嫩然

有色就上節

且弗之計矣其容色則胡為乎蓋自啓櫝以來始有此解舒之一

詞出最後

候也而予則又何如其初之將獻也必將告焉其終之畢獻也必

將告焉此可以觀詞命歟然且非之問矣其容色則何爲者倘非土實之故焉有此和氣之可挹也而予則又何心（存字繇首）一非天子之命圭（緊承上文矢）則名（文在的）不妨以示下禮之有取乎享也所以爲讓也庭實旅百幾從上獻之稱主君出之必有温容誰爲達禮者不以親（有字消縱）載主君之容而來耶非祖宗之傳器則物無貴乎虛授享之脩克夫禮也所以（照執）不復也（圭更親切）玩好車馬奠從登受之側國君接之必有降色彼非知禮耶又不覺婉依國君之色而出矣此吾子行聘之容（束二筆老）見於享時者有如此一醜追世惟物是求致諸侯之卿爭先承幣言就輕也然尚奉公而來會時事雖無儀容未爲大戾漫尋爲越竟之交竟忘公

忽然感慨流通上下眼大如箕

典豈非圭聘失而盡出于享々又失而盡出于私也乎吾黨是以其私覿而備記之見吾子猶行夫古禮云

容色不從上節討出有字何處安頓此文原起下難乎其為容一句便已驪珠在握以下盤旋筆攫凌空飛動所謂數節之後逆刃而解

享禮　張

享禮有容色　　六名　張曾枚

聘而獻物，惟聖人為能和也。蓋享禮所以將意，非和以致之，與不享何異。此夫子之有容色，記者必特誌之歟。聘之禮，諸侯聘鄰國，既選聘人，即具幣物，使者受擯辭，受圭璋璧琮，乃行斯禮也。何禮也？曰將以庭實旅百，致歎洽乎友邦，則寡君之意于此申，即小敬也。（兩句處處已括）儀亦于此見。試由執圭之後以觀夫子。今夫聘禮之行也，旅擯陳几筵，設玉帛，猶未將也；犧牲猶未具也。賓已襲衣執圭，由闑西入，三讓三揖，晉接雍容，入廟入門，周旋鞠吉，此特敬謹之至意。吾子（容位預透）雖未嘗稍有所忽，而觀者相其威儀，覘其容貌，不已覺和順積中

甲午墨卷鴻裁　　江南　　元　卅九

英華發亦也哉雖然此猶申信之時而非達情之侯也無何受玉
訖賓出易裼衣奉東帛加璧復由闑西入于是乎行享禮獨是享
禮亦不一矣聞考諸侯朝于天子有三享初享或用馬或用虎豹
之皮次享用三牲魚腊籩豆之屬暨金龜竹箭之類錯列下地三
享無常各即其國之所有皆再拜稽首致之蓋一人當陽列邦用
命故侯職于此無敢略有所闕若夫兩君修好遣使致問不過申
之以誓盟重之以婚姻交達其契濶之情各致其殷勤之意乃其
禮物幾幾與享天子者等何居蓋人君之制為斯禮也若曰以道
里遼遠不獲春秋時見惟是不腆幣器使下臣致諸執事以為瑞

節要結好命爲苟或臨之以亢亢則驕驕則凌凌則禍矣叉曰豈

刺入題句深警

不穀是為先君之好是繼誠使上國不棄儆邑豈惟一時惠其德

反掉想見望人不亢不卑

音雖在列祖何弗寵賴爲苟或持之以卑卑則夷夷則微微則辱矣以觀吾子則何如夫足容重手容恭目容端者君子誠一之容也或容暨暨言容諮諮色容厲肅者君子戒懼之容也此則何所取諸取諸其和而已和則有讓尊之光爲而德輝自著所以表顯

和平正而收束渾大

印于瞻望者不難以一使而伸二國之歡和則有同人之慶爲而豈弟可親所以協辭氣于從容者何處以俎豆而啟于戈之釁此吾子之行享禮容色又有如此者

甲午墨卷鴻裁　江南　元卯

夫可爲君聘享鄰國。自與諸侯朝于天子不同。文中權郎以作
儭入題。獨加輕颺。排豎論斷。留在結尾。行文遂覺跌宕昭彰。一
波未平。一波復起。吳青于

○○○私覿

陸賓

聘臣有私禮，聖人亦猶行古之制也。夫聘之有私覿，非夫子之所創異也，古制也。記者又將于子乎覿容矣。且人臣奉君命以修好隣封，其時之因物以通情者，不獨君聘以備禮也。屬在小臣，亦有不腆之陳焉。蓋珪璋既以結二國之信，而拜獻聊以達下吏之誠，豈曰公求忘私而遂漁煩瀆物說子之溫乎其容，既於享禮見之矣，而其後時衎如，執帶搢笏，雍容於廢陛之間者，然既昭寡君之明信也，盛筵莫登降於當宁之旁者，然既奠賓主之歡心也。斯時也，蕭蕭吹笙鼓饗與燕，侍修盃坐之儀，酬滿滿觴，與君公歡讌讌之雅，和而未逸乎既終，雖不至貽譏於頃然，而拜手稽首之餘，竟無以紓款曲悃

係是大不敢也至無私職司於人使陳國傳之臣
曰東家立周隨而無文簡畧而不暴也不幾屬君命而賄為黨羞哉
晉放當日言有亂也必有私也相傳為私親云而說者於此有疑焉
為夫子無念不存乎公則無事不出乎公脩舞有誅矣歌雍有請矣
惡其出乎私也豈必於進諂退辭而不禦其陪觴杜漸之謀與遠
於下矣祿去於公矣無在不由於私也寧以小拜以稽之際而抑
其驕恣僭越之事且權屬私門凡奔走私室者唯知有私也久矣吾
夫子志在尊君豈不以一亂表奉公之義抑厥出私家凡唯諾私居
潛將志於私者多矣吾夫子情深盡禮詘不以一竊示枉私之意乃
奉幣以前執贄以進同用茲微物聊伸拜悃得以使於莊偉閑之聖

戀焉心傷而忒悼平桓之族憤臥溫恕也然而不然也蓋不敢有私
交者人臣盡瘁之誼而不可竊私禮者歟早奉命之儀或納幣於賓
承筐於凡以云私也而鳴玉登臺授不敢以一介私禮者貿憚於藏
后私之適以成其至正或獻帛旅或陳璧於凡以云私也而垂紳上
壁授不欲以一節偶乖者獲罪于陳儀私之節以表其至正雖自蔑
以往獻酬交錯邦君不無殊好使臣之私而第思其將綢繆於此際
者要必有視奉命之日而愈多其恬適者也其丰表良足慕也抑自
此以後歌詩贈答在使臣亦有殊好邦君之交而第想其遙慇懃于
此時者諒必有較奉享之禮而更深其於憚者也其氣象伊可懷也
擬之論以夫子過人遠矣

享禮　陳秋水

享以行幣亦於聖覿遠矣大享固禮之常耳而行其禮者夫子也

魯論亦於是乎書嘗思聘者所以輯邦交原不惟其物也然而有

多儀以明志無嘉貺之具陳則搽諸木桃瓊玖之投雖亦衣之歡（懽舉不過謂分）

或未必出此况煌煌錫敵之藩侯乎故夫執懷莫以納贄封固將

捘節而稽之矣執圭而聘子不既式禮無愆哉夫士介屈繅致玉

而聞辭玉縱云不腆敝邑不足辭也而特達者未遑膳幣物以俱（府舒徐）

登厥明朝服禪禰薦以繹行亦胡非鷹陳之不敢輸也則拜稽者（莫）

自必旅庭實而請受是則總聘行享亦禮在則然頓吾嘗觀於春

秋之世而概然矣古者諸侯之邦交輕財而相厲以禮此天子之所以養諸侯兵不用而諸侯自為正之具也流及既衰列辟爭相雄長然亦惟是一矢相加遺其小國為蔡大國不知省繙而用之誅求無時使之不敢寧居悉索敝賦以會時事即吾魯素稱望國亦嘗謀其不免焉！於誅而薦賄懼無乃信[illegible]禮意尚可問哉雖然易戰爭為輯睦則疆埸既息金鼓之聲而殿陛自篤籩篚之誼裼衣承藉已不同於戎服耀威也二國各懲其忿以相宥固即在束帛加璧之時因盟誓而修和則壇壝已約歃盤之信而廟庭遂通玉帛之忱西階登容殊不嚴於北面詔神也兩君不忘前好以

結成亦即在出焉張皮之會璧乘餌虞載寶以藏外府佩裘止蔡沉玉而潛大用貨賄之投每爲險巇之所伏而享則固以明禮也故夏璜繫錫先王之分物曾不敢以出封疆而龜爲前列鐘則居參下臣致諸執事豈云爾詐我虞哉齊書饋贈惟享乃以邀洽比（沖馱蚼寔跌宕多姿）爾織紝肺趯寔屢歷境之師圭磬如齊祇告薦饑之羅獻納之迫半由急難之所驅而享則於以盡禮也故龍輔羔裘先世之私珍或未足以稍上寔而絲纊與竹箭同登虎豹與牲魚共薦陪臣未繼舊好非此徵求卹患也交贄往來惟享可以答嘉貺爾禮曰及享發氣滿容惟夫子爲能循之由是而私覿可進觀矣



享禮（論語）　陳秋水

揚子雲謂中正則雅多哇則鄭似此數詞選義洵是正宗門許[illegible]

上介屈聘禮遺上介不釋禰釋行聘禮遺賓朝服釋幣緦襲執圭屈繅釋禰釋行於禰又釋幣于行輕財四句

聘義小國為蘩二句左昭元趙孟語誅求無時四句左襄三十一子產語

# 享礼有容色

汪李院歲試兵几帝第名 黃桂發

覿聘禮於行享之時，和顏其可挹矣。夫享所以致我君之情也，宜以有容色，謂非吾子之和顏可挹乎。今夫卿命鄰邦，兩國之情通焉，而情寓於物，惟其情而不惟其物，則物以情輕，然有其情乃始有其物，則物以情重，而情之藉物而宣者，奉禮以周旋，縱大義之寵貺，實隆乎亦使之序柔嘉壇飾耶。是可更觀夫子於既聘之後，聘所以脩下臣之禮也，而我君之情猶未將。賓人啟櫝，窮意拜天顏於宰。夫受饗之時，聘所以申寡君之信也，而我國之儀猶未獻。奉命張旜，奚敢覲光於陳几四筵之下，自是而享禮行矣。斯時也，第見夫子奉束帛列庭實，主君之禮儀以獻，而使臣之和氣以形吾黨乃得從而宜之而有容色受幣先於受玉君朝之拜命則然今日者聘禮告成出張皮予小臣猶在下風惟是主君之雅意是將使于此而猶過拘謹則倫物之誠反或因蹐踏之態而掩我夫子寓和于敬盛氣滿容而鼓樂之余輯柔偕儀物以俱呈矣釋幣無于廟行厥明之術事則爾斯時也聘而無誤加璧加琮予行人奉亦不腆六惟寡君之寸忱欲達使于此而太自斂抑則中心之貺無由假袁擇之致以彰我夫子敬中有和溫如玉色而壇坫之間萑葦與風采而並耀矣論人臣之分則君威咫尺安有意氣之稍舒乃義近於賓者即不全乎為臣彼此笑語方洽視前此之鞠躬戰色勃如者充則可參然

後知代主致歟悠然見太和元氣之流當樽俎之間恪恭是凛奚有婉容之可掬乃既奉幣而陳帛自可畧分而言情上下加德先遠則此際之虎皮示猛納金示和者情已孔摯矣後知使命不辱沖然呈誠和穆顺之休而是而私覿乘馬東錦進於東楹我夫子又愉愉焉出如舒雁聖人之聘禮於是乎全矣

享礼有容色

汪□院歲科覆蕭 田名　程青東

享行於聘後聖人之情見于容焉葢享禮所以展情也吾黨觀夫子之有容色於以見夫子之情云且主君以幣帛親聘国君之意也而臣賄將焉蓋儀必及物而主之歡以結情能生文下臣之歡[illegible]以大聖人從容中礼視夫奠圭授玉時敬則漸舒而容亦少變焉[illegible]試觀夫子於享礼方其受命君朝幣先於王而拜受加璧加琮與何隆也則筐篚㑹云不腆而礼繼其物我寡君之情畢獻矣迨夫入門而受幣繼於玉而請陳束錦乘馬仪何厚也則使事㑹未告畢而禮達其情于小臣之意殷殷焉當是時主君授玉而裼立夫子奉幣而

進陳圭以馬也璋以皮也四皮之攝金龜竹箭也諸凡聘夫人而東帛若有言而東帛皆享禮類也但見我夫子進而東楹東進而西楹而敬方有加容自可掬以視夫執圭時之鞠躬如不勝者遜有閒狀禮曰及享發氣滿容惟夫子爲能有焉盖仪有可習而成者郊壇三揖固已請之素矣若容色則有不容習者惟我夫子麇以德達溫乎如玉也鐘以和居謁乎如金也殆不習而無不利耶不然何以俟恪度威頓改常度耶故三讓升階三退負序之文尚不足以見盛德之至焉事有可強而致者及境一肆既已辨之早矣若容色則有不可強者惟我夫子粹然溫也如圭如璧碩之轄也如錫如金豈曰強而

致之也哉惟然所以庭實旅百恍与俱傳也則北面稽首東楹致命之常尚未足以覘動容之中也不可狎者夫子之容在昔夾谷之盟容色知有不可犯者今茲消甲胄以玉帛則自啟櫝取圭以來雅意已鬱而欲流特以主器平衡未免齊遬耳如曰敬而已矣將服物采章凡為減色也曾以對中之柔而出此耶恭而安者夫子之容夙昔燕居之下其容色固有告溫若今雖進當布于朝廟其易直子諒之概常度亦依然不改借曰恭而已矣豈筐篚玉帛悉焉用文乎知從容中道之聖必無是也無何而告事畢無何而請禮賓曰報享也大約不外有容色者近是而告虔竊有以覘夫子焉

享禮有容色　　三名　管世銘

繼執圭而覲聖人於享有敬溢爲和者焉夫聘至於享代君之禮於是乎成顧視執圭時則有間矣敬溢爲和其有容色之謂乎且君子行其禮固未有不習其容者也而別于不暇爲容之始則氣象若爲之一變而覲德者益將屬耳目焉敬紓於繼事之餘和發於是顏之會盛德之揚詡與充庭之玉帛相輝其謹凜或差減於前其光華固皆溢于外矣吾歷觀夫子於執圭身容手容色容足容蓋皆有不暇爲容者也亡何璪玉既受而旅幣斯陳土命已通而賓衣遂裼聘禮畢享禮興矣夫享豈何爲昉乎竹箭瑤琨之

產不同方寧惟是貢王官而不以體〻邦也小臣而既受命矣
此從貴君本位說來
君無腆聊以寄木桃投報之誠而受策陳書初無取尊六其詞以
爭國體〻之為言獻也所以修睦而重其名也籩牢禾黍之供典
無可闕帝惟是適于館而不以肆于筵也大夫而惠辱臨矣敝邑
從卿邦對面逆入
雖瓠竊自附蘩藻燔炙之義而盈樽設几復不敢常褻其昧以黍
嘉賓享之為言饗也所以敬使而隆其禮也夫子於此小宰固將
授醴而大禮未藏則中心之儼翼原無敀乎執事有恪之初微賦
方幸克庭而至敬徐流則發氣之充周已自溢於承筐是將之際
荷筆翻精一照應
身容惟靜而不必躬之鞠也乎容惟恭而不必衡之平也色容惟

莊而不必其如戟色足容惟重而不必其如有循也蓋始見其有容色云羅列天地之菁英而苟不焜燿以詩書之氣澤則南金大貝何異陳賄於五都禮之宜有容也固也獨謂夫精神之煥發直著此方見聖人胸中自然流露侯諸東楹藉手以還蓋雖早欲窺爲不可得矣禮著於是斯容立於是大國而顧瞻好也庶幾納莒鼎而樽魯壺乎展幣而前行有描勒一切光也固不數肆夏彤弓之對已侈陳朝廷之貨賄而苟不黼黻以道德之光華則總馬儷皮豈殊委財於草莽容之稱夫禮也必也本是下截竟無閒文獨悟夫意度之沖融莫名諸啟櫝挺纓而後蓋雖強欲不爲不可得矣色見爲然而容未易言其所以然四國而嘉寡君也其將逝

甲午墨卷鴻裁　江南　元　其

甲午墨卷鴻裁　江南　沈英

汶陽而歸讙闡乎成禮而退咸自失也固不事攘袂歷階之勇已目之曰有容色蓋積乎執圭之敬而溢而為和者也迨至東錦請覿而夫子更以愉愉著焉不又視容色而加和乎

蒙上不暇為容落到有字不用另起鑪錘已如推槽落面尤妙前後嘗君鄰和覿過後借儀禮聘義掀翻推波助瀾興高采烈

吳青于

# 享禮有容色

四名　檀　成

禮行於享聖人以和將其敬爲夫享行於聘後所以達君之情也子於是有容色爲非以和將其敬乎粤稽聘而將玉君側授于宰賓則降矣儐君還而後退發氣怡爲亦異於入門主敬升堂主愼之素矣雖然此特稍紓其敬耳猶未發爲而盈也若夫賓出而後擯者請于是裼而進則禮帥初而儀不帥初也厥惟享矣享何爲也蓋聘必以圭傳命也既聘則還之而享必以幣達情也既享則受之溯夫享之受于吾國也寢門布幕而陳朝服南鄉而命寡君既重其事宰執書而告其備官載幣而舍于朝諸臣又隆

甲午墨卷鴻裁　江南　沅廿

享也若是鄭重以將之者蓋禮也而情寓焉嘗聞貨多則
幣美則沒于禮敝邑之為是享也固稱其秉而為之幣而不貴難
得之貨也今幸矣行將達之上國矣而壇而書既壹肄以習
儀則士執紙懲莫非公事之同習豈其當階致命而小國有關猶
煩使者之爭承且斂禮而來經三展以明慎則賈人屢省幸免燥
濕之不時豈其入廟敷陳而實見唯時轉疑客容之近猶是享问
情之所伸而即儀之所由見也子于是有容色云歲事來辟當年
之在廷旅幣者固已有加禮矣屬有社稷之事不獲春秋時見因
藉幣帛以布其不恭在大國亦嘉其虔而不討其乏也其敢承以

抗顏乎吾子本四時之氣以奮至德之光而履中蹈和自暢然于（入子）
致命張皮之會也已邦交未通一時之誅而薦賄者亦終無及耳
幸邀如天之福匪相見以兵戎因藉使臣以將不腆在今日固與
國之為而不為一人行也其猶仍厥常度乎吾子本根心之蘊以
為生色之輝而矜乎躁釋自穆然于加璧尚德之時也已故即之
也溫而聽寔揚休啟曰多儀之是享其成也懌而溫良恭儉訢等
至敬之餘文蓋當日風裁藹吉于自出于無心非僅循故事于周
官穿陳六幣具總此改進迎賓主亦嘉其有禮何至來誹求于宗
國憂儀昔牢抑又開之禮享君以璧享夫人以琮此獨以享統

容色固是聖人行享時事但受享賞本國貽何鄭重既享

邦無限感孚文更爲得典核詳盡而包旁通　吴青于

科試上杭縣
學一等一名 闕道南

享禮

總聘以將享可以觀禮矣夫聘不獨有享也而享實先之君子於是乎觀禮聞之幣美易至沒禮而用享尤存多儀人君脩好鄰封通信之後漸以達情倫物隆焉大聖人行禮其際當有隨地以觀成者乎之敬謹聘禮既在執圭時矣還憶使臣在國拜受命圭旋及幣書圭鐷迨入境就館一再陳焉此享禮所自來也顧聘未畢而未敢遽言享聘既行而遂不容已於享矣雖然禮之有享難言〔波折遒健〕之也魯亦國也宴如懸磬野無青草其波及於魯者皆他國之餘也而況龍旂大路天子之錫命非可外輸繁弱夏璜分封之守器

不當越竟令以薦物納故用達寡君之情或致敝他邦之釁子又初試也問君道長大夫不出門其責及儒生者皆典所不載也又況圭璋為古傳國之器素重於宗邦寶玉大弓盜竊之餘必揚於外國倘以不熟不物藉以脩鄰國之好或反失賓主之歡然則何謂享何謂禮總前列先知也金次之以和君參之也虎豹之皮示服猛也束帛加璧尊德也而禮於是行矣若曰寡君以歲之不易不獲春秋時見使下臣攜執事令君不棄敝邑而使遂其請謁

忽醆與循妙在神韻然然似某紛故定若真有上下床之別

君之惠也亦寡君之望也敢布腹心若若獻諸君若若獻諸夫人禮以為贊者此享也又曰臣令者奉命將事不憚跋涉入昔

君命惠顧前好徼福於先君如舊婚姻降以相從是寡君之願也亦小臣之幸也畢獻方物貴者陳於堂上賤者列諸堂下禮之以文為貴者此享也雖然享者禮用享者遣使夫子於此僅能行主之禮以能達主之情猶未也而夫子固有容色在

漫淫卷軸有華有諧

享禮　闕

放於利而行　一章　王紹隆

專欲者之怨知利之未可尚矣太利非一人之欲也放而行之怨之叢矣君子曰利云乎哉恐口衆我寡今天下豈無以正誼明道之士而負人謗者哉蘊懷清義標舉剛方人濁而已獨清是以不免于尤也然君子終有不玷之譽而小人卒負世變之傾則豈非素貞者可諒而守私者衆忌乎所以風詩之遺美河干而譏倍賈（正學急出而道之）春秋之法闢義路而閉利門誠審乎人情所趨以為寡欲寡怨之方爾今世競與利為徒矣然閭里纖悉之計家穿井灶之謀而圖（貧賤以賦開子春秋而論見爭其背也文尚）識大道察乃末利此齊民一身之務無足論也若夫躋為士君子

言君子卿大夫而言深得夫子立言之非王四罪人處也

之林矣列于國論有明道詘邪之任彰為風教有正身及物之方

放手曲盡

行何遠也而意或出于貪戀情或囿于安便見利而趨之叢所頹

矣抑長于卿大夫之家矣羔羊著節一國被其風栗帛不充淹士

稱其儉行何美也而或貌恭者內多欲性俊者節亦衰因利而為

之囿所惜矣是故坦易可為也未必以得利則不憚隱情探刺以

久其富貴之期彼所易厭也苟可以致利則雖在飲食宴衎猶不

忘心計之事且也豈美難擅也而利可盡得則不妨蓋已損人以

措矣甚于裂眦

衰世市糞之能衰季好利之風在學士大夫為尤甚此固不足耻

消轉

以予吠而動以名修矣然而不能不以府怨則于謀利之計倘未

論

為儕乎夫世有勤求其力爲天下利而遊人猶或非之以為名高

刊一層觀出是圖五手眼

物之亦階之厲況役役于利者乎專已自封華膴者衆射之的懷

物處厚驕侈者民望莫容曷克永斯利也彼夫不貪為寶胡以見

美乎令德憂貧足賀胡以矢口于時賢豈非怨之所在為不可嚮

哉抑有谿刻自處為人所難而正士猶弗居之以為儉失則矯亦

披別要匠

弊之叢況僅僅于利者乎況于義者殉名而輿論所服豈必長貪

遂于貧者殉財而人尤所至或先富厚安在能罔利也彼夫焚身

可懼來小國之咨嗟監謗為文致怨防川之衆怒豈非怨之所基

為不可解哉是故十人之聚萬石易散也百室之望貪士所嫉也

利多而致敗。曷若辭怨而善名乎。故達者之為行也。遠利近義。釋
怨樹名。非不能秉利自豐也。誠恐口衆我寡。
宗旨六度。首用布施。明是打破貪慳。皈于禪定。然餓鬼道中士
大夫犯此尤多。非慧眼人。勘不到此。王穉圭
吐言數百。古横不利其所見者大也。楊雄賦逐貧。烏知天道。聞
人大閑
温體仁以谿刻庇全。周延儒以賄賂庇裂。一時士夫亦足取鑒
矣。然猶橐帛櫝金。恬不知怪。其後怨家遂與亂民相徇應。縉紳
焚刦之慘。有不忍言者。先生諒心痛之而發是論歟。沈雨齋

# 放於利而行多怨

李祖惠

利不可放欲怨有足傷也夫人之欲利誰不如我故放而行之所挾多矣能無怨乎且天下有盈虛之數有施報之理吾贍寒奢而負其于人無害相殉已甚而欲其于我無憾二者均不可得蓋盈虛者造物之所無如何而施報者人情之所不欲昧也彼夫利何如者也其為事至瑣而萬物之所萃以生其所托無窮而大造之賦輸有盡夫惟斟酌損注使取攜不得自遂然後足以和萬類之氣而平人世之爭又必紆回往復使勞苦適足相當然後可以全福澤之生而遠幽明之忌若之何一放于利而行者人各紛其耳目

（情心動興）

（至理名言）

心思之運益則懸一利而饋力之（共六或星父其称首也）興之隨夫美好之途無力者莫能致其肢精多而用物宏必其靚光赫弈勢足以自遂其欲者也然而崇高之位民具瞻之侯作侯祝夫固蔽其心而不可測矣人各飭其規矩繩墨之防茲惟設一利而隱微特以為鵠（中談史公貨殖傳）夫豈肱之境薄植者無能取其貴賤審而贏縮辨必其聰明什伯才足以獨私其設者也然而經營既善物將敗之設言啟怒夫固伺其瑕而與俱發矣而怨有不多乎戒盈惡滿天道之常傾所憑之勢既厚彼翁亦難騾遇其流而人心則無是曲折也齊之以肥已有趣而（雜談驚座明懷宗裁解紛而皋）相既耳故統觀乎大勢之存即君相有不欲盡聾之積獘謂其所

（求○兒○奮○臂○矣）托以生者正大有人也多藏厚亡異日之驗苟所集之毒奉盈人
事亦若曲從其便而衆怨則無由解免也設身以相處知其不能
揆其故熟察乎物情之變雖商賈有不欲盡算之錙銖詢其收致（華○縷○所○至○萬○類○洞○晰○畢○悉）
于衆者固自有在也然則計利而害義有道所不為冒怨以取利
更為計利者所弗屑矣取利而無怨亦[illegible]道腴者所弗戀利放（袁○鐘○醒○麥）
而怨多又深于世故者所不居矣夫利者吾生順遂之途而怨者
世路險陂之境則亦可急思自逐與

至理從橫奇情跑勃疾過枝乘之七發　胡靜菴
清徹以縕藉正以不蠱[illegible]纖詞語索而味淺矣名手不同

錦割裁
本批○周御李

放於利而行

江南鄭學院科　入來安一名　李隨元

聖人於專利者、而若有以揚之焉、夫利固人所爭趨也、而乃放而行乎、君子以為其人亦大可危矣、且吾人生平所自持者惟此義利之大防、苟一念之隳於利焉、已有所不可矣、而況身為利藪也哉、今天下爭言利矣、利之所在、我利之、人亦利之、其特有利以便其身圖者、世俗大抵然也、利之所在、我利之、人將不得而利之、其遇夫利而即相與競者、人情率如是也、甚矣利固可分而不可獨、可散而不可聚者也、則奈何有放於利而行者、不以利之人、而惟以利之己、計較趨舍之情、熟纖微委曲之數、無不洞悉於當前、且

一二節利為

三股先揆利有不可放之勢

遂乃剝進

二股排放利之情

必欲利乎已不復計其不利乎以僥倖苟且之習成罔謀億度之精乎自快其有善術是故竄有速成而携利者彼則奮然一往若惟恐人之我先也而急疾以赴焉事有緩圖而獲利者彼則宛轉以營若惟恐人之我覺也而遲回而取焉由是錐刀有必爭錙銖有必算計其鉅而不遺其細乎取乎求之下斷不能損已以讓人而且多方以掩之百計以飾之受其實而陽避其名若迎若距之間亦有如出之以無意蓋一念之在於利者亦念念之在于利而覺外與者之皆無以尚一事之依于利者亦事事之依于利而使同欲者之不獲少嘗嗚呼何其貪饕無厭歟是之謂放於利而行

（以下數演放利事）

（最評此中有行字他人只有放於三字耳）

（此詩更精）

而已矣雖然利固可分而不可獨可散而不可聚者也彼放利者豈不自幸為得計哉然而多怨之來所不免矣

描寫人情最為肖似亦猺之照妖鏡也 原評

趨處先說利不可放已針對多怨意中暗抉其放利之情入後一路敷衍其放利之事尺幅中曲盡題蘊豈非高老手筆 管聿修

放於利

多

放於利而 一節 理 何焯

聖人深警好利者而警之以所懼焉夫人未有不懼怨者夫子以是為放於利者警庶其有悔乎蓋欲絕人之所好者必惕之以所懼欲其好之之心或不勝其懼之之心庶幾其竦然有覺皇然有悔也夫今人之所好者利也其所懼者怨也而逐逐于利者亦知夫怨所自至哉怨以利為階而利之所集怨之所歸也利為怨之府而利之所叢怨之所積也若是則人之于利卻之可也置之可也而世只然以[illegible]為必至之所以利為不遷之途以謀利為一先之學問而竭其心思才力以相長以計利為終日之事功而竭其

（先將利字怨字串合為故字多字作引）

何焯稿

聪明術智以相取人本柔也見利而忽強人本怯也見利而忽勇（名論刺骨）
人本慈與仁也見利而忽忍刻人本忠與信也見利而忽詐偽一日
許月計惟思盈吾之欲而不顧人之傾家得寸得尺惟思遂吾之
貪而不慮人之空柚其于利也錐刀必爭錙銖必計情有所不恤
而知交可棄理有所不問而親戚可疎直飲食弗忌嬉笑弗釋須
臾之弗離永矢而弗諼也若是者吾謂之放焉而已矣夫利既盡（具有經業絕異識學）
歸于己而害自旋及于人自是而身受者切齒旁觀者側目人懷
不平之念家有向隅之泣紛紛籍籍怨之來也未有多于此者原
其始則惟放于利之故蓋我此一事求其利怨即在于此一事我

彼一事求其利怨即在于彼一事我此一人求其利怨即在于此一人我彼一人求其利怨即在于彼一人我無事不惟其利則生乎莫非致怨之舉我無人不惟其利則天下莫非受怨之人怨之來視于利之至而與之俱怨之數遂因乎利之數以為之準是故（路必道宗）于利而行直放于怨而行也卒之衆怨既紀多藏自敗怨一發而利終不能得可不戒哉吁世之人固未有樂受怨者夫于故特以（先輩大結）宣暢之而說知人誰懼怨獨至于利而遂甘受之而不顧以至財（直起作收簡俐爽世）聚民散用賄焚身聖人之言雖切其如世之沒沒何哉

以精銳之筆運鍊刻之思名名雋語絡驛而來一一震聳聽

# 放於利而行

來宗敏

貪夫黷利知有已而不知有人也夫利者人人所欲得之物非可私之一已也放而行之其計亦良狡哉嘗思惟天生民有欲大欲之所存聖人所不禁也小人專欲難成私欲之所趨君子所必閑也故嘗以欲從人不以人從欲誠有見夫人情之同然與物理之自然而不敢自便其身圖耳作則循大道而好惡繼者人情之同然也以人情之同然者制其欲而寡焉豈容自肆獨擅不雜蔡天施地生之蘊而品決其取攜從[illegible]無盡藏而斂焉釐者物理之自然也以物理之自然定其分而出納謹焉豈可勝算

然操直欲握什由府海之藏而衡歸貲算操盈利也者我以為利
而行之人必亦以為利而行之也行之而專其利於己必不能公
其利於人也所奈何有於於利而行者餘羨而營什一之利誠出
於勢之無如何所可異者在富家耳嘗見膏粱之子久號素封而
逐錐刀之權負積錙累寸反有過於窶人之掮家者仁義道德之
途從櫃之皆利途也甚至揣摩綢繆而德色與箕帚而誶語刑親而
骨肉皆疏矣所以其行之於悠悠泛泛者識賈豎而識倍之利
亦出於術之不得已所可憐者在仕族耳嘗身縉由之派共推雅
望而權子母敵奇贏操券合符更洵過於小人之近市者禮樂文

章之藪彼覈之皆利藪也甚氣所識不通乞假周親兼絕饋遺利重而情誼皆輕矣而況其行之於眈眈逐逐者哉宜使其人而畢（一比更）（一曾）（貞富家說此間又羅有此一種人）禍嵩為懷其謀利原無足怪乃擲其闕雖競者事事欲詮夫豪舉而其用諸已者金玉直視如糞土其取諸人者泉刀必貨及錙銖當其背公營私方詭託夫泉貨有言貨之政以自便其營謀乃心所喻而更工其術而揭斗揚箕聚斂非利己損人之事又使其人（欲說此間又羅有此一）而果粗鄙成性其圖利亦有可原乃觀其成貪饕言言雅尚夫（種人）清流而其侃侃而論者必相戒龍斷之登其孳孳於心者且不俟雞鳴而起營營其讀書談道且只詆詞寫為理財之書以自諱其封

殖乃口不言而離隱其情所特齎賄何若豪豕齊入肥己之謀其

多怨宜哉

有嘅乎其言之

放於利而行

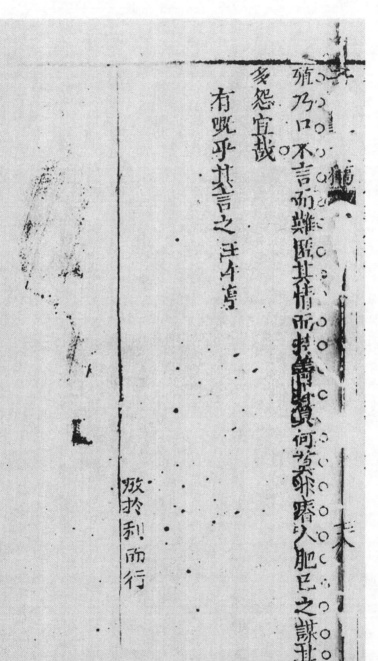

# 放於利而行多怨

徐陶璋

利不可徇、以怨惕之而已、夫誰不欲利、而獨放利而行哉、怨之多也、所不免、已予若曰、天下之最不利於己者莫利若也、趨於利即（探喉而出）入於私、而其術必巧、其謀必陰、其品必貞邪而不可問、利亦何利於己之有、然豈特不利於己、且復不利於人、既不利於人、則人亦（紛謂辨空精光四備）將以不利貽之、而人情之自外而來者、尚可測乎、何言之、天下義（高一層說入）中之利、猶當辨其微、以絕[illegible]貪義而向利乎、天下義外之利（曲而雋）正、恐於其來而樂之、況[illegible]乎、然則人之行也、宜遠利（以下六比華[illegible]）矣、奈之何有放於利而[illegible]寄身外之物、放於利者直欲依之

○寫○放○利○而○行○心○事○可

為性命而若頑刻、端○放○於○利○者、直○欲○專○之○於○

一○人○而○若○取○携○之○求○其○利○苟○無○利○而○此○身○

悔○其○徒○勞○抑○惟○無○行、、利○而○其○心○猶○難○自○灒○欲

○矣○額○

取之山海也○更析及於、皆○貪○斂財於蹴遯也○亦

苟得於閭儕○則○邇○近○之○利○伹○者方自幸其計之得也○而

君　天○下之類此即怨○者

孰知怨者之紛紛乎哉君子曰此世之[illegible]矣也何孳孳若是也○其

○多○也○

談○笑○而○道○之○者○怨○猶○淺○小人曰○此我之同調也○能皇皇若是也○其

贊○嘆○而○出○之○者○怨○已○深○君子曰○孳孳求利○我不屑見此人也○而○怨○

○進○一○層○

即○生○於○憎之中小人曰○皇皇求利○彼幾能勝乎我也○而○怨○又○生○於○

多怨二字更寫得曲暢旁通

忌之內受其殃者怨見其事者怨即聞其風者亦怨無往非怨之

人矣側目而視者怨於形隨聲而詘者怨於口藏怒而不發者更

怨於心無處非怨之氣矣彼有求利之方初無彌怨之術迨怨斯

推到怨召之所終極

憤ゝ斯奪則倉卒之戈矛慾生彼不顧怨之流毒惟覺

利之可甘然積怨成仇積仇之險阻怨隋於不自知

放於利者尚其知所戒也

放利而行直是汙下ゝ付所載比也上半描寫

放字情形淋漓盡[illegible]張源入後發揮多怨亦

而ゝ皆到嬉笑怒堅勁之筆即使趙高邑錢

[illegible]

古士華掾偷莫或[illegible]
放利說得曲盡情○
以知鑒乎　日如

痛快透闢○專利者尚其誦此

十六

# 放於利而行多怨

張江

利與怨相因放之者宜其多也蓋人之欲利者多矣放而行之其

雋妙

能免於怨乎予意謂世風之下也蓋久矣非利不行矣然而求之

者什伯則得之者反不過二三其數恒處散焉至於散而聚之計

冷峭　暗注多字發端

誠善矣吾懼其有與俱聚者而人不知也試言之昔之不爲利疚

引起放字孤雋

者安在哉同此利固宜其同此欲也夫誠見乎其同則正不容有

妙對

所與獲矣今之見利思義者幾人哉衆所利固宜其衆所欲也夫

誠念乎其衆則正不容有所獨擅矣何居有放利而行者也獨不

思怨固與利相隨乎則又安知怨之多不與利之放相稱乎計利

之行於人間也本無常勢而若人曰吾患我不往不患利不來也
迹其心慕力追固極不能忘者哉夫人亦自不能忘矣奪其所不
忘彼將更有所甚不忘也借曰世固有能淡焉者而其弗淡者何
以解之計人之行於利藪也亦各有常屬而若人曰利不來而我
可令之來我所往而利又將安往也乘其爭先鬬捷固極不能已
者哉夫人亦自不能已矣強之以必已適以激之使必不已也即
曰彼固所自致焉者而其致之者果誰為之蓋適情之事厚與乎
情之行而不相兼政此可好之物而惡已有互藏者此亦物理之
大較也迨乎仇讐猝至若較我生之奔競而更遠者其迹漸以償

放於利而行多怨　張江

之矣況夫痛心之患其與快心之樂又自相因政此極便之途而（此法）（見利語）
害已有俱至者此亦事勢之微機也迫乎圖報無窮若較我生之
封殖而更長者不反有以倍之乎呼利而放之固不留餘地以處（字法）
人也至怨已多焉乃遂不留餘地以自處矣盍試以吾言思之（清夜鐘）
似清談人作箴語翛然塵外彌復咄咄逼人　孫子未先生
此題熱鬧極矣偏以淡冷寫之令人尋味於鹹酸之外絕似落
柯服膺兩先生手筆　楊馭遠先生
清思窈深淡而彌雋他家縱極貌寫然未免作刀筆吏面目
向人那得有此推入深致　熊偕呂先生

嗢噱風流不於拈花手透爪固已刻骨沁心。菩薩低眉勝似金剛努目。蘭陔

# 放於利而行多怨

陳國銓

以利歟為怨府聖人為愚者醒之也夫喻義之君子非因避怨而始不專利也惟愚者之於利則放之而行矣子故以多怨醒之歟（直起）曰今天下競言利矣彼昧昧然日沈溺於其中而不之悟者惟知（醒　挽）有利而已矣其他則非所知也是蓋利欲薰心欲其翻然變計而（上　截　反　振　下　截）有所不能惜也無有以多怨之說醒之者今夫人孰不欲人之於（提　折　法　得　旨　得　神）我無怨哉使執趨利之輩而告之曰人具怨女則彼必不信且告（句　間　提　法　反　振　下　截）之曰怨女者多則彼益不服其所以不信不服者徒以為吾所挾（警　醒　反　通　下　截　有　勢　側　捲）而行者吾吾之也於人乎何尤嗟乎利顧可挾而行也哉天下之（出　上　截　有　勢　寫　筆　余　神　俱　動）

物有我求之而人所不爭者，則人之氣平。若儼然指其為利也，則我求而人必爭矣。奈何以人所必爭者，褫以供一人之妄求乎？天下之物，有我得之而於人無害者，則人之氣亦平。若明明知其為利也，則我得而人受害矣。奈何以人所受害者，獨以歸我一人之所得乎？若然，則其所挾而行者，放於利而已矣，其招怨可勝言哉！其在朝廷之上，同官為僚，凡於彼本相安無事耳。及久而察其所行，知其於中專利焉。豎一功，彼必曰我能建功；發一謀，彼必曰我能善謀。甚至君上之前，亦事事圖其利已。人雖口不敢言，其能無憾以心乎？迨其後事勢敗露，僚友固交章以論之，即君上亦羞辱

以加之怨謗叢生皆其專利之咎也而胡不自悔爲也其黨
祖○法○緊○冷○語○醒○人○
之中素未深交人於彼亦不甚媢忌耳及微而伺其所行知其志
在謀利焉處小事彼必小沾餘潤處大事彼必大有私心甚至骨
說○得○窮○情○盡○相○光○背○態○無○可○遁○
肉之閒亦時時視爲利藪人雖當前强受其能退無後言乎迨其
後身名俱裂踈如行路固欲剝其膚即親如骨肉亦坐視其敗怨
說○得○徹○施○不○樂○若○亦○能○無○寒○心○
總○後○推○論
聲交集皆其謀利之害也而胡不自改爲也此不特抱怨者在人
是○勘○進○一○層○法
即鬼神亦難寬其責何者其計利之心人或不得而盡知之鬼神
如○出○正○言○天
早得而默怵之高明之家鬼瞰其室況乎爰緣然於公利於人者
外○昇○頭○拊○掌○稱○
之獲福無虛焉且不特積怨在當時即後世亦難逭其誅何者其

論　四

求利之術窮時已不能盡掩後世更如見肺肝權奸雖死清議難逃君子爰穆然於不言所利者之令名無窮焉怨之多也君子已知之矣吾甚惜昧昧者罔圖利而反招人之怨如此也吾尤惜昧昧者雖招人之怨而仍惟利是圖卒冒昧而行而終不悟也噫悠悠世路其無便宜之利久矣

一唱歎淋漓喚醒不

深沉耐思

以多怨二字喚醒求利之徒深得立言本旨通篇危言悚論抉摘無遺暮鼓晨鐘發人深省

放於利而

放於利而行　貪欲類

徽戒吻　江下休　陶祥

題疏利者人所同欲然行安得得利亦安得惟得利而惜放利而行者必欲皆利必欲挑汰排就者終身如是一時如是鄙事如是一事亦如是無論大小心侈只要自占使滋潑行文一起蹤二起放利大意起後從孔乖不能皆利翻入乃以二小比轉到放字下六比遂暢遂放字但六比中前二比是說放字大題中二比乃一剝除放字真面但今二比又從已得未得說放是開一其飛泡和新如是後二比半評已悉比心佃生意心樹稍消細好之作文俺命之過半矣

溺于利者、行與利一者也○夫人之所行、寧必皆利、而放之者果何心哉、且人情之役役于利也○人○謂○我○為○利○引○也○吾○謂○利○為○我○逐○也○蓋利原來以與人而偕來○而人必欲隨利而偕往○于是乎利遂若有以引決矣○今夫有益必不能無損者○萬物之情也○利者半○不利者亦半焉○

放字出　點放字　所入　翻利字

有多必不能無虛者萬物之數也時而利者亦時而不利焉乃竟有一人焉見利之不一定也曰吾能任其無定哉利無定我亦無定矣（引入放字）又見利之別有往也曰吾能聽其自往哉利能往我亦能往矣其于利也殆不啻放之乎殆放于利而行乎（出題）放之者欲使利之聚于己也而利之端常散寄于一事一物之間則亦遂其散者而放之散正所以聚之也（此下六股皆及情發放字行字意理但須有其層次先後耳）放之者欲使利之專于我也而利之實常分處于衆事衆物之際則亦遂其分者而放之分正所以專之也（前二比說放字虛此二比說放字實）耳之所聞自一利焉而耳無餘聽矣目之所見有一利焉而目無餘明矣即耳目之所（念轉念送）不及又遙想焉必別求一取利之方而後止是有放利者而人皆莫

至之境皆其已至之境也利固有以誘之行也吾之所知者有一利焉而一往莫顧矣人之所為者有一利焉而步趨恐後矣即人戕之所未悉又懸度焉必更思一漁利之途而後止是有放利者而人情可至之境舉非所止之境也利亦不能窮其放而行也其放之而已得耶既倫嘗乎求之味而放之之術乃愈工其放之而未得也又懸想乎利之肯而放之之心亦愈切世風之下也非有利焉不可行矣（二比排宕放利者心事）而彼即鑒之以自勵人情之薄也苟有利焉罔弗行矣而彼遂因之（承本句）而益奮利已者不暇顧人之利既不留餘利以予人利已者亦不暇計己之不利并不留餘利以自予此多怨也不亦宜乎（起下句）

至之境皆其已至之境也利固有以誘之行也吾之所知者有一利焉而一往莫顧矣入之所為者有一利焉而步趨從後矣即人我之所未悉又懸度焉必更思一澳利之途而後止是有放利者而人情可至之境舉非可止之境也利亦不能無其放而行也其放之而已得即既倫嘗乎求之味而放之之術乃愈工其放之而未得也又懸想乎利之旨而放之之心亦愈切世風之下也非有利焉不可行矣

二比排奡放利者心事

而彼即鑒之以自勵人情之薄也苟有利焉固弗行矣而彼遂因之而益奮利已者不暇顧人之利既不留餘利以予人利已者亦不暇計之不利并不留餘利以自予此多怨也不亦宜乎

收本句

起下句

勞之來之　振德之　　滙海集　丁自求

即教民者遞詳之有勉益加勉者焉蓋勞來匡直輔翼正使自得之也而又繼以振德焉教民者誠勉益加勉哉從來治世莫要諸簡靜而教民獨尚夫詳明非瀆也彝好本斯人固有之良獎勸焉而益加防範倫理豈天子自私之物造就焉而曲示栽成聖王在上民俗化於無形帝力忘於何有論者不察輙謂上世教與從畧焉此殆非也盍進觀放勳之詞其風氣漸開夫渾蠢民皆有進而日上之機特驟以期之天秩天敘有畏其難而不前者矣惟從容以俟其自至乃得牖羣黎之知識而啓寐潛通其治象甫慶夫平成民又有退而懷安之懼使淺以導之人紀人綱有得半而輒止者矣惟鼓舞以期於盡神自可闢萬世

紀人綱有得半而輒止者矣惟鼓舞以期其於盡神自可閱萬世之屯蒙而精神倍奮宜夫委折周詳者情以舒而不容迫也率作董戒者督以嚴而不敢寬也其有向於人倫者喜其為善而倍加勸勉則勞之來之其有背乎人倫者恐其為惡而罔識創懲則匡之直之而又防其危不能立傾不能行也勞來匡直非予以輔翼不為功若是者還其自有非益之以本無民自得之我從而使之聊以為德焉耳雖然又不可不振也不振則歷時必頹頹斯弛習久必玩玩生偷向之勞來匡直輔翼者不幾為虛設乎惟然而命契之詞不憚往復矣帝世不設黨庠之制而潛移默牽合智愚而悉被涵濡正德厚生本用休用威之全量出之而基勿壞焉夫深宮訓迪豈不欲畧加激勵即覘四方風動

之休而乃必重以招徠祛以邪枉大以扶持即性真不汩又復於圖始圖終之際作其氣而力起衰頹蓋不啻大造曲成風雨雷霆並行而不悖也而教者因勢利導矣而受教者丕應如神矣中天不聞矇瞽之箴而警覺提撕頒綸綍而倍昭慎重侯明撻記即有愷有膚之大典正之而格則承焉夫盛代規條似無煩稍事鋪陳藉邀萬姓星從之譽而乃必廣為誘掖隱為防閑力為資助即性體常亮又復泯剛克柔克之偏導以中而悉無作輟蓋不啻家人一體飲食教誨無微而不入也而率教者訓行有常矣而教者都俞交警矣此聖人之憂民也耕何暇哉

勞之來之匡之直之輔之翼之　淮海集　毛松年

合勸懲以立教輔翼之道寓矣夫勞來之意在於勸匡直之意在於懲皆所以輔翼乎民也數教之詞不已可述哉且民心當向化之始從違固聽諸億兆而補救尚待於君公不可阻者向往之機道在引之而使進不可長者匪彝之習道在激之而使防奬勵之中扶持寓焉而因人立教之方無非牖民之精意矣不觀放勲命契之詞乎今夫君之撫民也則資輔弼於臣工而民之望君也則深翼戴於堂陛惟然而其詞有可先述者矣草昧初開之際民心未定向背原難決其歸懿行在一端或未極擴充之量觀型在一念或旋生退沮之思苟非勸諭有微權何

以率耕田鑿井之儔盡歸名教艱難甫定之初民志未孚愚頑
豈易更其俗顓蒙本雜處保無趨向之多歧氣習本難移保無
回邪之莫挽苟非防閑有善術何以普飭紀敦倫之化一洗狉
獉而放勳則曰勞之來之匡之直之此果何故哉蓋民力未強
非有以助之則多阻故勸戒與防維並至無非策其奮往以甄
陶挽偷薄之風民情多蔽非有以扶之則不前故糾繩與引導
兼施無非立其範圍以鼓舞寓轉移之法故繼之曰輔之翼之
非補其不及之數哉如是而知有分以敷其教者焉宏奬非以
示要結亦小善必錄之深情誘掖非以侈招徠亦大道同歸之
雅意而邪者期其正枉者矯其偏兼以愧勵之微詞逆為之制
於後則輔立翼行之術隱隱相通夫豈過為經營哉蓋引衆以

為君子則淑慝宜分挽浮薄為純良則維持宜急此帝王之世所以終無棄民也夫知是而知有合以明其教者焉旌嘉即引誘之心匪僻可轉移於一旦啟迪皆栽成之意邪淫豈頑梗以終身況歸於正者諒其情無所偏者稱其善舉凡濡染之積習早為之革其非則輔相引翼之情歷歷可證夫豈故為檢制哉蓋小民之志向未堅則宜順為之導至理之精微難喻則宜曲為之明此於變之朝所以覃推感洽也夫而聖人憂民之心猶未已也

來之

歲試一等　周惠獻

向化者志未堅當招之使前焉夫民雖志於人倫而非來之不能前也是在教者之善誘矣故放勳之命契復及之且夫言德化之盛者必曰綏之斯來是知愷澤所加斯民未有不來者也顧在養民之後自致歸附之誠而論敎民之方必當竭引誘之術幸其不惑於他途而所向已正慮其或阻於中道而所志終虛則放勳之所以命契者固不特勞之已也亦既力行至道誰無自好之懷勞之者所以獎其勤而嘉其已能至也而有未可即加以獎勸惟殷殷乎招其至焉而已矣亦既勇往從道每覺修行之勞勞之者所以慰其情而予其已能從也而有未可遽

加以慰勞惟循循然誘之從焉而已矣蓋又有所為來之者與來則引其機而明示以速至之意焉蓋當轉向方端之始小民倘有疑信參乎之情欲赴其程而不得經教者為之指示則倀倀何之矣汝其教之曰爾小民勿謂前途之甚遐也亦步亦趨將有日覲而日近者而何容却顧不前也來則懼其過而毋使有駐足之時焉蓋當回心嚮道之初小民尚有是非兩歧之見欲趨其途而不能一先覺者為之引導則揺揺中立矣汝其教之曰爾小民勿謂目前之可安也斯邁斯征幾日趨而日上矣而何可躊躇不進也民彛物則之理無俟來之而自能率由者可以期上哲而不可以責愚民彼舍舊從新不過一念之轉移自有以來之將確有可憑而疑畏之情不生覺君臣父子之經

已有引之於前者亦第循途而至焉耳敦倫飭紀之事不必來
之而自能馴習者在聖人則誕登道岸而無難在黎庶則退趨
歧路而甚易彼去邪適正不過一時之警悟惟有以來之將昭
然有據而游移之念不起覺親義序別之道已有誘之於前者
我第率從於後焉耳蓋倫常之地甚寬詔之以名教之樂至性
至情俱油然自動者所以鼓其來之心道義之防甚峻示之以
禮法之嚴出此入彼有惕然生懼者所以堅其來之力而放勳
之所以命契者更不止此

剝蕉抽繭之思層層刻入妙義紛披

放勳曰勞之來之　憂民如此　滙海集　許葉芬

進徵帝訓憂益見矣夫放勳所云凡為明倫計也歷徵其辭聖人憂民之心又如此且聖人出而昭明頌焉時雍慶焉人謂其坐理之逸也吾謂其垂教之勞四海有宜樹之綱常非一事一言所能盡九重有獨深之惕厲極百年百世而維熙本不容已之心以成不容已之教而聖人之教著而聖人之心著即數聖人戒慎之心無不因之共著治水教稼至於明倫為天下君惓惓如此此蓋深以逸居無教為憂也不知其故請述放勳之詔秉彝攸好斯民原有同情特昏墊甫平而泯棼尤亟有大人作而以道御之能使賢者勸能使勉者安能使枉者正能使陂者平飭紀陳常堂陛久昭

彝訓況豐亨有慶則逸豫宜防有帝者興而以誠感之即天以見性即性以修道即道以明德即德以止善曰勞之來之勉其志也匡之直之一其趨也輔之翼之使自得之復其性也又從而振德之欲其始終不渝也於是可以知聖人矣上古多訓誥之書君儆臣咨無非爲蒼生立命雖艱鮮克奏而至三至再平章之要誠無窮感世無怠荒之政敷言錫福尤必以乾惕開其基即習染咸新而維業維兢宵旰之盟心偏切無他以教繼養固愛以教維養愈憂也而吾益恍然聖人之愛民如此也而聖人之道以爲憂者初不自教始也念昔年平成未慶在在賴君相之安全而何幸作廣有人俾乂有人播種復有人堂廉交儆以成此太平盛治也而敢震動稍寬乎一人融無間之神明斯彝倫攸敘九陛有獨深之顧

慮斯億兆和親非以此自課於宮庭將前聖人無以立其型即後聖人無以分其責故放勳有命舜禹諸人皆欽承罔越焉仔肩各矣而兢惕偏深所謂先天下而憂者其如此也哉而聖人之積而成憂者更不自敎終也想當日患難初平時時廣痌瘝之念慮而何幸水火有政金木有政土穀復有政府事交修以贊此欽明文思也而敢訓誡稍疎乎五品胡為遜所以維富庶之風九叙胡為歌所以大君師之統惟以此自基於宥密斯數聖人有以纘其緒皆一聖人有以整其綱故放勳有訏舜禹諸人且範圍不過焉仁壽已登而艱勤無既所謂有終身之憂者其如此也哉憂之弗遑而猥曰耕乎

來之匡之直之輔之

萃華集　張大經

來以繼勞、合匡直而敎立矣、夫非來以繼勞、則善無由長、卽敎無由立也、由勞而來、不可合匡直而輔以立哉、且以敎道之無窮也有分長善救失以為敎焉而敎之道非一端有合長善救失以為敎焉而敎之道亦非一端分之而見非一端者有奬勸以開乎誘掖之先而知長善之敎不自誘掖一端始合之而見非一端者有扶持以居乎誘掖之後而知長救之義不自扶持一端止夫固可錯舉而參觀已放勲言敎豈特勞之已哉使僅勞之而遂已也則無以輔乎勞之敎無論未向人倫者招之不來卽既向人倫者亦背而思去惟不僅勞之而遂已也則有以輔乎勞之教無論趨向人倫者傾而思附即乖悖人倫者亦慕而來歸何也有以來之也來即引進之謂也人心向慕之誠無以動之則其機滯一自有來之之術輔乎其中而向慕之機遂勃然而不可遏則其引進者神也來即招携之謂也人情思歸之切無以感之則其趨凝一自有來之之法輔乎其後而思歸之趨遂奮發於不自知則其招携者妙也來以繼勞是民之用力於倫者皆相勸於倫而不至相悖於倫固無庸正其失而用吾匡矣是民之向往於倫者皆相引於倫而不至相乖於倫更無庸憚其失而用吾直　有相勸之教以扶於相引之先復有相救之教以扶於相長之後今而後民足以自立其亦可無庸輔之之功乎雖然猶有慮慮乎匡直與來之中而苟無輔之之道

不特乖乎倫者不立悖乎倫者不立即向之歸乎倫者亦不立
況又有用力者從旁而觀耶是輔貴輔乎匡直與來之中尤貴
輔乎匡直與來之外也慮夫匡直與來之後而苟無輔之之功
則雖不乖乎倫者立不悖乎倫者立與向之歸乎倫者亦立盍
思有用勸者當前而望乎是輔必輔乎匡直與來之後尤大輔
乎匡直與來之先也然則輔世者豈特輔乎匡直與來已哉要
之相引之教列於匡直之前者相引之前已有教原不自相引
一端始也相扶之教施於匡直與來之後者相扶之後復有教
亦不自相扶一端止也亦何待翼之之詞畢而知聖教之無窮
哉

勞之　　成都府學一等　楊繼楨

敎有以勞著者、古帝命官之首詞也。蓋勞民固敎者所不廢放勳
之命官先及之欽哉司徒勿荒象、朕命嘗觀井之象曰、君子以勞
民勸相若是乎為民上者未有不以勞為先務者也第上古之世
民風樸素有獨勞其民者則君之故赭鞭象德百穀成而神農以
氏帝中古之世民心於變有代勞其民者則臣之故元鳥降生五
敎數而司徒以命官若放勳之言可述已夫放勳之言何如哉典
居謨誥誓之先其選辭必富而廷聚夏商周之祖其牖民必深於
此欲百姓觀五品遜以臻中天之治也果何道之從哉而放勳首
有以勞之矣勞有見於父子者厥父作室厥子肯堂勞之不已全

其親乎聖世所以有啟明之戒也勞有見於君臣者君作恭先臣作乎先勞之不已終其義乎帝庭所以有克艱之告也至於夫婦一姓結二姓之好一代衍百代之傳勞之所以成其別也成其別又何愧嬀汭之觀型乎以及長幼伯仲奏塤篪之雅老少合籩豆之歡勞之所以成其序也成其序又何懼聖傲之異性乎他若朋友者五倫之終凡有信者皆帝教所必勞者也邈稽皇古之世狉狉獉獉民至老不相往來自放勳起而勞之而信曰以全又何論其驩為友勞之以采而有阿黨之罪巢許為友勞之以位而有異尚之操也哉吾於是為勞之者感矣值洪水之既平民志半消於耕鑿安而不勞則井田亦殘倫之具矣乃範錫自天天旱以陰騭之理授之禹以大其規茲何不以勞之之訓命禹也特念當日者

平五行之氣不遑及五品之遜爰命司徒教於朝者勞之以聲律
敎於野者勞之以草服以視磨厲鞭茇以勞天下者異矣則惟放
勳爲操乎戒休董威之原矣念粒食之方登民心半逐於嬉游逸
而不勞則艱鮮旨伐性之資矣乃當陳于夏天早以率育之命屬
之稷以宏其量茲何不以勞之之訓命稷也特念當日播五穀
之種不暇及五倫之敍爰命司徒敎以耕者勞於干舞羽籥敎以
學者勞於車旗鐲鐃以視剡耜揉耒以勞天下者殊矣則惟放勳
爲得乎時賜格庸之意矣然而命官之詞不止勞之已也
石破天驚雲垂海立爲是題別開生面知平日汲古之功深矣

放勳曰

錢選集 雷 斌

稽古放勳可徵其詞於帝典外也夫曰放勳堯之爲民立教者功至鉅也則其所以命契者不可載致其詞乎嘗思有非常之功者必有非常之言學者考信六藝聖謨洋洋正無事高談荒遠也叙彝倫於五行汨陳之餘功以高而莫並教親遜於五教敬敷之日言自確而可循迄今敬述其詞欽哉厥后之明允矣羣言之首已蓋聖人以人倫責諸已故協和秦及於萬邦親睦先徵於九族其先天下而樹之准者早已超六德之先而揚其徽曰峻德聖人以人倫責諸民故百穀既咨教稼之官五品旋拜司徒之命其統天下而錫之極者又已握九叙九歌之要而

上其號曰放勲且夫勲以放稱豈猶是尋常尺寸之功也哉想其時烝民粒矣萬邦乂矣惟是作訛成昜既安耕鑿之天寧擾熇虐未判人禽之界堯也不矜一手一足之烈為兆姓乂其聰明不為一身一家之謀為萬民若其恒性此其豐功偉烈懿爍隆茂真足以震耀與窮垂諸萬世矣爰乃咨爾卿士廸簡在廷道之以訓詞申之以誥誡所謂聖有謨訓明徵定保者謂非以一哉之心發而為大哉之言者與然則放勲有言是可進而述矣獨是放勲所稱書闕有間者曷故載筆始於夏史丁功之勞者詞倍詳草木鳥獸備切宸憂奏庶艱鮮悉關廟算當日之咨嗟慎重以命之者不憚叮嚀矣況其時稽首固辭汝諧之一命心之重寍惜語之長乎從讀書稽古之下明徵其辭覺如綍如

綸盡入帝心之簡在刪書斷自陶唐而功之神者詞每簡董率亦自多端迪之以敬條教豈無分列總之以寬當日之堅明約束以命之者無煩誥戒矣且安知臣后協心一德之教詔授以意不必授以詞乎惟好學深思之儒心知其意覺有倫有要恍聞天語之曉咨是故簡閱編雖軼不同臣扈典寶之淪亡詔誥猶新非如穆傳竹書之荒誕試進而述其言

言皆有物藻不妄抒

於人何所不容　　儲龍光

天下無不可容之人、以其賢之足恃也、夫不盡可容者在人、無不容者自在我大賢于此豈復存一拒之之見乎令夫人之為拒之說者、必以人為不可容者也、夫天下之大豈必盡可容之人哉、而終不得存一拒之之見、則以天下縱有不可容之人、而我自有能容之量我既有能容之量、而其視天下亦遂無不可容之人也、有如我而大賢矣、則非所謂容衆之君子乎、然而與之值者油然而與之偕品望既隆而土壤細流原有所不必擇也、雖然而有以相接者寬然而有以相納識量既宏而兼容并包更有所不自知也、其于人也謂有所

（容字、衆字、脉、即得何所不不意思）

瓦以齊居癸山為話御

不容乎柳何所不容乎或以無意于斯人而容之者則其視人有與

以柴綠大賢

我渺不相涉者也蓋大賢者嘗環顧當世之大而淡焉安之矣吾第

日與之居焉吾第日與之遊焉宇宙雖廣其誰能為我淡也哉其屑

此一夫不獲時予之辜意思

去之也或以有意于斯人而容之者則其視人有與我患相關切者

也蓋大賢者嘗環顧當世之大而惻焉傷之矣吾方將共偕之乎大

荷焉吾方將各逃之乎性命焉到海雖淡其誰非我同類也哉其恩

好語依但非予張所及

遺之也古者熟華之世雖靡類之頑讒未嘗不在並生之列于此見

流門人小子哉

其容保之無疆今者聖人之門雖不屑之教誨亦原出于不倦之心

更公併

于此見其矜憐之悉從是以天下之人殊形異質件件不概其鶩下

之實而思進于有道之前而在君子之心含弘光大方且不忘乎人己之見而又何必過持其臧否之衡哉則悲矣夫大賢者之無所事于拒也

中二股撟頂上文容字發字分寫何所不容不覺是堯舜氣象才高意廣者固不嫌大而誇也出沒空明春雲譎譎

於人何　儲

# 於女安乎

庚戌　汪振甲

極人子之所不安者、而反以安傷之焉、夫人下亦求可安而已、食稻衣錦於期年之後、豈人子之所安乎、子之警宰我也深矣、以為人子終天之恨、何日而可已、則亦何日而可安、況乎親之亡也近在期年、尤屬人子極不能安之日矣、乃於極不能安之日而忽為自安之泰圖、不必斷之於理、直可深而問之於心、一如食稻衣錦而思自期年之後、迴想期年以前、所謂奉稻粱而進之、而薦親之含飯者今復何在乎、則覩斯稻而不覺愴然其欲泣矣、又念期年以前所謂奉紈錦而御之、而與親之適體者今復何往乎、則覩斯錦

（一語破的）

（出句極見手法）

（承期年說入賓脉收真）

而不禁慨然其欲絶矣而女竟儼然其食之是親且一飽之無時而吾乃柔順之不禁亦思此食稻之身何自而來乎吾於女而獨有異乎且女竟晏然其衣之是親欲服御而無由而吾乃衣錦之羅容亦思此衣錦之身又何自而來乎豈於女而顧不然乎凄然一室之中靡瞻靡依之痛固結於胸中而口亂之需偏與小心之物但相違意者悲痛之極固已忘其為稻也忘其為錦也而不知異則於女一線之天良豈竟淡泊於口亂之需而不覺盡然傷懷之際何恬何恃之悲經綿於旦暮而形骸之遺偏與至性之鬱結相反意者怵惕之深雖食而忘其為食也雖衣而忘其為衣也而

妙俱是

子女二字神理　寬一步逼緊一步

真照仁字

挂一條痕

不知是則於女平旦之清明豈竟梏亡於形骸之累而莫知一蘇民
（真痛語含不堪卒讀）
之痛生不如死乃於期年之後忽翻膏梁文繡炫美於偷生視息
之餘歟人之憯痛定思痛乃於期年之後忽見肥甘輕煖傾眷於
御衰茹荼之日一旦試思期年之後吾靡粥之食曾幾何時豈真悲
（言照下不亡）
哀不在中乎而胡以入我口者之為稱也悲莫大於心死於此而
猶不思投箸而起而食不下咽乎一女又思期年之後去怛括之日
（史）
又幾何時豈真痛疾不在心乎而胡以殯我歸者之為錦也悲莫
（悲莫）
痛於傷心於此而猶不思投袂而起而泣下沾襟乎於女安乎
不堪風雨夜又讀祭絜文閱至中間而不驚心動魄得易頹陳

叔寶全無心肝即　陳亦韓

處處得提撕語氣。悲雲四起。孝求欲枯。讀此亦令人幾廢蓼莪。

頤恭壽

孫女安　注

# 於我如浮雲

馮汝軾

忽富貴者不以富貴加我也夫浮雲于我何加焉富貴如之而何有于我哉今夫人莫不有我也亦焉往而不得其為我乃忽焉若甚有所加于我者不幾我喪我乎孰富我耶孰貴我耶其視我何如者我而富耶我而貴耶究于我何如者天下無故之情形常任其自盈自滿于天地之間而忽生其變幻天下無常之境會亦聽其漸生漸息于宇宙之內而不盡其推移夫不有浮雲乎其來也莫或迎焉其往也莫或期焉以我視浮雲亦偶然者耳爲以我視富貴俄而富矣俄未嘗有是富也俄而貴矣向未嘗有是貴也固也其偶也偶然者如

馮太史稿　論語　歸雅集

浮雲而已其行也莫或恋焉其止也莫或戀焉以我視浮雲亦暫焉者耳而以我視富貴富在我矣富終于我何有也貴在我矣貴終于我何有也固也其暫也暫焉者如浮雲而已（總）我一俯仰而忽值浮雲（二股實寫題〻落）我一俯仰而忽值富貴得浮雲不足喜也得富貴而遂以為喜乎我一轉盼而已喪浮雲我一轉盼而已喪富貴失浮雲不足戚也失富貴而遂以為戚乎以太虛之氣還之太虛而我無預也漠漠者聊任彼無心之出入以造物之還歸之造物而我無據也（然得之不得同有命）悠悠者豈復令慧念之俱遷若是者其無足樂乎其亦足樂也

不添一解不滯一迹竟体靈明乃擬題稱師洛

於斯三者何先（論語）　秦應陽

於斯三者何先

江南張學院科考取　秦應陽
入長洲縣學一名

以三者而言去所先不可不商矣蓋兵食與信斯三者固無有可先去者也而必欲商其所先者以有必不得已故耳嘗思立政何先之其所急革弊何先之其所緩此事之固有先後者不足為謀國者難也乃若夫子所言兵食信三者得其全固足以長治失其一遂難以持安夫爭或有先後於其間顧一旦以時勢艱難之故不得已而將謀所先去也籌國者恐至是而窮於術矣今夫斯三者食以為養兵以為衛信以為維即有不得已似萬全無害之國正宜兼謀三者以救敗先理其一猶且不可而況於先去一然而斯三者聚食而兵饋誰

兵而食焉。謀兵食而信爽。勢既不得已。則倉皇急遽之謀。誰能兼收三者以自周。欲謀其全。必至盡廢。而安得不商所先去。雖然。难言之矣。凡人之為事也。有三者之並待。乃先其一。而外此者鮮無害也。則必可經行耳。試思斯三者之中。一有所先去。而何能無害也。先之以食。則民生不給。而飢師亦何以禦侮。豈仁義真堪為飽也。先之以兵。則武備既弛。而飽食何以禦患。即忠信豈真為甲冑也。且先之以信。則衆心相携。將有糧亦以資寇。有戈必以倒攻矣。先其一。而外此鮮不能無害。則謀去於斯三者之莫定也。吾人之謀事也。有三者之羅設。乃先其一。而所存者猶無與也。則無妨直決耳。試思於斯三者之

神理渾融　宜不正而頭頭盡為作家筆陣堂堂可法

於斯三者何先（論語）　秦應陽

中欲有所先去而何能無歟也不以食為先所恭遂矣奈師盡者城虛民攜者主孤也不以兵為先戒備修矣奈枵腹者難守離心者欲畔也且不以信為先民心一矣奈瘡痍未克撫綏無恃軍實未討形終乘弱矣先其一而所存皆不能無歟則簡去於斯三者之匪韶也為司農者必曰食不可先為司馬者必曰兵不可先為司徒者必曰信不可先此固各守其職之言處乎常而未能通乎變也然通變而不得其宜安知三者而先去其一而一之外不隨其後而漸衰蹉積將者必曰兵與信皆可先事折衝者必曰食與信皆可先談信義者必曰兵與食皆可先此又各就偏見之言求合經而豈得與行權也

夫行權而未得其當安知三者而一有所先而凡所未去不且棚給
而無餘矣時變不可料今猶即三者而商所先其途似寬賸則謂其
原浮留下一間地步
已僨矣國勢不可知今謀所先去而循合三者殺量似易賸則謂其
之難矣於斯三者何先夫子其明以徵我
擒往斯三者實實較量必先去之難何字神理自透不以描畫挑
剔為王政覺老氣無敵

於斯三　秦

○於斯三者何　何先

孫岳頒

去必有所先。賢者兩為變計焉。夫變至而議去。則三有所先。二亦有所先矣。夫子以去兵為三者籌。更何以為二者籌乎。今夫萬全之策。此固國家無事之日所坐而談也。若大變猝不測。則勢既難於萬全。而又不為之審其去留之方。先後之序。以早圖焉。雖以聖賢處此。需有濟乎。（擒○定○去○先○二○字○便○見○斯○之○起○訣）是故議去者必至之勢。而有先者權宜之謀也。如兵食既足而信孚於民。斯亦軍有不得已之時。而紛紛然議去。亟亟焉謀去。裁惟（挑○上○有限○下○意○渾○與○二○字）（帶起先字）子貢以意待。毋以信者民之所繫。而兵與食二者乃民之所急乎。去[illegible]其所[illegible]先其所急而後其所繫。俟世補苴之術。往往然

也故子貢以三者先爲問乎若然則信去而有兵以衛民有食以

下文無去信字面故反借之作

瀕與下危互相應

餉兵而國勢不至於瀕危且有兵則可以備戰守有食則可以備芻糧而人心亦不難於再振爲三者策所去宜莫如先信矣而夫子何以去兵曰去兵也

一代做去兵

蓋兵之當去有二一則兵以糜餉也夫强敵壓境而烏合之衆竟餉之卒而衆而耗有盡之食是食愈耗而兵愈弱也何爲不去也一則兵以藉寇也夫人以不閃而投誠之計納款之謀倉卒而生肘腋之變是兵愈多而敵愈近也何爲不去也嗟乎兵去而所

抑乃從去兵內最爲緊此乃三个不得已與三之精出子貢

存者食與信耳然食足則有觀糧之峙民信則無携貳之心雖有不

何子貢

得已以形而未至乎不得已之甚者也奈何三者已去其一而二者

出〇不能復保其二乎〇不知夫子之去兵也〇非一時權宜之術〇而子貢之論變也〇必欲窮之于食信之間〇謂大危急存亡之秋〇未可逆料也〇設更有不得已而二者不能兼去〇本末輕重之宜〇必須爲豫定也〇故更有不得已而議去〇則二者何以爲處〇子貢之問及此〇勢已迫矣〇國亦危矣〇雖有智者〇難以善其後矣〇然已〇亦惟有舉信而先去之〇使得有食以苟延旦夕之命〇而後徐議復兵〇徐議復信〇將三者熟計〇而後全之〇則蘇奔閩事可爲也〇而抑知夫子正不然也〇

轉他國急二比〇

一子貢意中原欲去信故兩問之〇而夫子反云兵可去〇食可去〇而信肯〇故反借去信逆翻作勢〇則兩問盡自有闕合〇而

求御亦自利利生動此皆從虛法也　右袖三

辭致和雅落卜食及趙注下文處俱用反繳之法更自滑机得勢

李惠眹

於衛主顏讐由　　胡紹安

主聖者自有人即於衛可按矣夫衛安得癰疽衛獨有顏讐由嘗為孔子主耶章何聞之謬耶且以大聖之舉動而好事者識焉非當日之遂有其事也其一時托迹之所避遊之知有明明其在此而故以為在彼遂生後世無窮之惑焉要之其人與事具在可按也則即一事而他事可知即一人而他人亦可知也人言孔子之衛為主癰疽抑知主者自有人乎蘧湛泉而去宗邦不憚再三之駕豈其無意于乘時商富教而錄卒旅凡同接淅之行豈曰有心于請托蓋孔子之于衛知之稔矣豈不知有蘧伯玉史魚公子荊即叔圉孫賈閒亦與

古致

炬○射○極○跌○

題前瀏下

之言稱其才下此若祝佗大夫儀公明賈亦時見于論次且孔子之于衛非上下無交者比一見君嘗次乘異時尚有致粟六萬稱公養仕者即升堂再拜環珮璆然國之小君尚知尊而願見孔子豈不能自致通顯官于衛不然孔子即假途于主亦何難擇一聲勢赫奕操國重輕者耶乃惘然於是也而于癰疽乎何有哉蓋孔子之于衛非主癰疽主顏讎由也夫古人行事如聽遠音使其無可考証任後人之剌訊致足慨矣若乃其人孔子也以孔子而有主以孔子擇主而于衛此何難考而証之而顧貰之莫辨任好事之顛倒乎哉夫顏讎由何許人也史稱其賢而事蹟不概見尚亦附青雲之士以傳焉者

乎則孔子主之其人可知也且不聞其托于國母不聞其通于祝佗（收轉前半）孫賈而于蘧瑗史魚之列叔圉大夫與公子荊之上隱隱若更有一人焉即其人可知也東魯之羈人沐邦之良佐卒然而合歡然交忻（主文用描寫）通款洽之忱致殷勤之素孔子曰邦之彥兮願味心契之什讐由曰有客信信載賡式食之章則孔子可知讐由可知即當日之不苟于主亦可知也蓋世之不喜讖讐由而賁賁稱道如癰疽者匪自今始（一結有遠致）矣

每用一轉定出人意外筆筆用逆離以險澁雖非文家所尚却自從古得來故應備此一種　陸靈昭

庚辰科小題文選　　　　　　　　千彿主　胡　孟子

純以歐蘇記序體行文。却又絶無贋古氣。于此識雅俗之别。李恚時

於衛主癰疽　二句

江蘇宜興縣裔中　儲元賁
學季試一名

而述聖人之所主而若無所擇焉夫癰疽瘠環非齊衛之正人明矣何孔子竟不擇而主之耶想其述或人之言曰士君子遠適異國誠得一息肩之地正不必過為落落也故有時謁要津通仕路彼其人亦欲盡傳宿之歡殆所謂不失其親亦可宗者歟雖鄰於比匪所弗恤矣如孔子之于衛齊可覩焉情殷擇主朝廷之上貴有人焉以為之先容而後大行有兆故無國不到衛獨三至而意志在致君侍從之班貴有人焉以為之汲引而後用我有期故不過齊猶一變以奇意行于衛則主癰疽于齊則主侍人瘠

衛多君子而進賢則望之身後其無國之力可知矣廱疽
衛雖甲依然公之娟子也在彼第工吮廱舐痔之為而無虞
於蹈遠在孔子實有扶衰起敝之道而有望於薦剡則一主原非
偶然之來齊有名卿而尼谿則沮之不封其無好士之心可知矣
瘠環之所處雖微儼然國之寵臣也在彼自無萋菲貝錦之傷欲
寺人之作在孔子豈無並坐鼓瑟之雅煩寺人之令則一主原為
有意之遭是故列國不乏廱疽而醫和醫衍之儔何不聞為東道
之主即齊廷亦多侍人而豎貂貫舉之室何不聞有東魯之儒在
二人不棄孔子似有緇衣適館扶杖來遊之雅意況衛則見夫南

子小君可親癰疽亦可與盤桓旃則仕於高昭權門可臣瘠環亦可以稅駕在孔子不棄二人無非泰山不讓河海不擇之深衷盡利見之心迫於中於此不可則遂去而之彼故于衛于齊所歷既非一國推轂之權期諸世正而下是（治當）意者邪而有餘故癰疽瘠環所去亦非一人況蘧使既通（嘆後更得此人北文心無盡）不必以新交而間舊凡景蘭菩待或可因接倖而得君特是癰疽瘠環非真能親炙大聖人者也自有此一去而百世下乃附孔子而名特彰焉豈不幸哉夫子以為有必邪。

題能雅枯題能腴胸有卷軸潑墨成龍。陸廷一

於襯貼之法。觸處皆成雅趣。筆端疑有春雨灑來。朱覲宸

於衛主　　諸

於衛主顏讎由　楊天培

觀聖人主於衛之賢臣、而其不苟主可知矣、夫賢莫讎由若也、而孔子則惟是主焉、夫豈苟於所主哉、且士君子之患莫大於不可近之人而近之、至於可近者、又落落焉而寡所合、又士君子之恥也、惟聖人則不然、吾嘗稽其時、考其事、但見所至之邦君公折節、而其交最親、相與最厚者、竊有見其於衛一事、夫孔子之於衛、不知在何年、然去今遠矣、乃我或得之故老所傳、要其所聞、固確乎可信也、但不知好事者亦曾聞吾之所聞否、乃亦據其所聞曰於衛、抑我或得之紀載所垂、要其所見、固斷然可信也、但不知好事

切合

題於衛二字有神

者亦曾見吾之所見否乃亦攄其所見曰於衛彼謂孔子於衛吾亦不謂其不於衛也然彼謂孔子於衛主癰疽吾謂孔子於衛主顏讎由是豈所見異詞耶夫代遠人遙其（憑空而起）為毀聖之書者何可悉述學士誦說孔子稍感於稗野之文亦幾目為傳疑之書夫吾則何敢亦惟是確守所見以明告世以其所主之慎則夫衛多（拍台）君子而讎由固一時人傑也傾蓋而諧謔面豈曰偶然行李資之夫固志氣因之矣又豈所聞異詞耶夫世遠年湮其為謗聖之言者何可勝聽學士效法孔子日習於慫慫之談談將信為傳疑之論夫吾又何敢亦惟是確尊所聞以明告世以其所主之正則夫衛多

賢士而讎由在一世之蒙也邂逅而結知已豈曰適然始終依之

（眼光射下）

夫固性情投之矣且衛廷之上讎由一而非讎由者百夫非讎由

則皆癰疽類也而孔子惟讎由是主則夫見惡於讎由者而欲如

讎由之見許於聖人而有所不可矣抑衛廷之上一讎由不必百

讎由夫不為讎由即非癰疽要亦皆癰疽衛也而孔子獨讎由是

（俠猜子華容身無地）

主則夫見憎於讎由者而欲援讎由之類以見重於聖人而有所

不必矣請進而詳言之

高踞題巔力全氣厚堪升於禎諸公之堂　原評

讐由却無實事可証只就所見所聞斷之可見好事者敝於

南海偉觀

誣聖。即五世之澤未斬。百年之蹟猶存。尚且如此。則其誕漫而不足信可知矣。論世有識。不為題縛。入後熖射彌子。尤覺筆力磯餘地。庭瞷

秦衛

妾婦之道也　文鑑原本

江南田宗師科入如皋一名　胡際可

道有出於卑者夫賢深析之焉蓋尽人皆丈夫自我視之皆妾婦耳妾婦之道焉凡重云今夫挾策以干時者抵掌侯門動謂可取金玉錦繡以誇耀里閈為妻子光寵遂舉家人婦子不堪告語之處往往卑污苟就承順意旨求當人主之一得及志有少遂則又詡詡焉自鳴得意儕而驕其妻妾自有識者視之則皆卑靡不足齒遂不覺與婦人女子同類而共笑之也則亦惑矣彼以順為正者豈不立意較然高自標舉曰大丈夫當如是庶幾得以倖徼富貴不至以家人偏謫詬訕也故其朝秦暮楚借箸而籌者彼以為自有一道焉叩關抵壁曳刀前者彼以為自有一道焉縱橫捭闔邀譽于左右獲寵于：王聳動于：

者彼以為自有一道焉於此而欲等之以妾婦之儔。然事之非其類
擬之非其倫而何以服儀衍之心哉然而以順為正之道誠妾婦之道
也或曰卑甚以妾婦而為妾婦之道則非卑以非妾婦而為妾婦之道
則誠卑也或曰陋甚以妾婦而為妾婦之道則非陋以非妾婦而為妾
婦之道則誠陋也雖然道之在妾婦者亦烏可淺量哉彼螽斯咏德妾
居人自奇情可歎
中亦有知其愷悌者焉脱簪待罪妾婦中亦有明其裁制者焉守貞
字妾婦亦有撰其範圍者焉以至勤績之母歷紛華而不易戒旦
之婦甘窮約以如飴他若柏舟之誓皎若日星而不可犯誰謂巾幗中
奇丈夫其人哉而歎以是輕量天下士則又不可蓋懷才抱德往往見
之男子而婦人不與焉以其所挾持者遠也若與世浮沉我亦俯仰

其子奪聽其子奪于人雖窩自誇異不脩与宗衆為伍而卑諂乞憐狀殆不堪述較之與順從人者不相逕庭也然妾婦亦將鄙之矣天下建功立業彼丶責之丈夫而于婦女羞怒肆焉以其成就者大也若与世波靡我不去自操其榮辱任其榮辱于人雖世亦羣相稱許推為天壞閭偉人傑士而趨承恐後之容殆不忍見此之柔順容悅者乃為尤甚也彼妾婦並共哂之矣若儀衍者朝秦暮楚借箸而籌妾婦之道也叩閽抵壁曳裾而前妾婦之道也縱橫捭闔邀譽于左右獲寵于君王聳動于天下妾婦之道也何也彼皆以順為正者也烏足与談天下事哉惜未有以大丈夫之說告之者

題面雖承景違夫子說來題義實對难為丈夫立論然卻妾婦不已

第二十一冊 卷六十三

如會同端章甫　興化府佟太尊歲試　方少韓　啓若

取興化府第一名

言志者再及于會同觀禮者咸需夫冠服焉夫會同固名為禮樂之所在然合之宗廟要皆不能無藉于端與章甫也赤也言念及此其將何以自見耶且從來彝倫之大也事親而外莫重于事君剔以布衣而談經濟斷未有舍有繹之典而可以自明厥志者也然覲遇固典制之所昭而律度悉有需于彬雅苟環顧吾躬章身無具將固陋不文不惟有以貽羞于廷陛其又奚以對俎豆而無慙耶赤也有志固在於宗廟之事矣於斯時也衮冕以臨者君也絺衣其紑者臣也奉璋峩峩駿奔走而蹌濟弗遑者百執事也以赤也韋布之身一旦躬逢其盛詎非為見才之一會耶然赤之所以酬知者不但已也赤

原評 具見本領

原評 卒度悉揚

嘗考我周盛時列辟來朝率之以祭咏有來之雝雝歌至止之肅肅此嘉客繁雝之章所以繼載見辟王而作也則為會為同不即為宗廟之事之所係而大丈夫遇知于當世者之所為哉非不知周轍既東以來車書和會之休已渺然而莫覩以今日而言會蓋有難乎其為會者然率土之濱莫非王臣筐篚玉帛且猶慮歲時之或疎也而敢不是獻而是將與讀虞書而念羣后之四朝蓋不禁殷殷然情深於其際矣非不知天子下堂而後萬國來同之盛已邈焉其難追以今日而言同又有難乎其為同者然普天之下誰非共主頒玉輯瑞且猶恐作賓之或後也而胡弗載見而載朝歟考周禮而知列服之來王又不覺藐藐焉神往于其間矣會耶同耶禮於是明樂於是備

原評
才華掩映

其事不與宗廟而並重耶雖然格祖覲王禮樂固必有以備其儀服物采章禮樂尤必有以隆其飾身其際者苟非澤躬爾雅無度貽譏吾知拜獻趨蹌之下且有隕越以貽寡君羞焉世之人其欲有以知我者又就從而應之乃赤則竊有以處此裒衣博帶非不可以表儒者之朴誠然時當大典則司服各有其宜而朴誠非所尚矣使寡陋自安將法服之謂何其敢以淹鄙識也惟有端焉以施于其躬則服之與戮將所稱惠宗公而覲天顏者胥於此服表其儀也有不與衮衣繡裳同著其鄭重之思也哉臺笠緇撮豈不可以継雅度于西京然典屬攸隆則冠冕各有其制而雅度更非所宜矣使文勝自矜將憲典之謂何其敢以弁髦視也惟有章甫焉以崇于其首則載弁俅

試艸　下論　依原卷評點　震社

依將所謂薦馨香而祠春秋者胥於此服昭其美也有不與鷩冕會弁共昭其煒煌之則也哉服則端也冠則章甫也赤舄此寧僅從事於時見褎瀕之間而不復計及夫宗廟之事乎小相之爲赤蓋竊有志焉

佟太尊原評

其氣閒其詞潤有議論有丰神木鷄之養已成行將破壁飛去豈止小試預期耶

提吊過渡幹旋補綴此人所能也文獨博大昌明神采發越真是清廟明堂之音黃鍾大呂之器名駒千里良不虛焉叔聖芳

如會

如會同端章甫

李天桴

華國者更以會同見志而章身固有具矣夫會同之與與廟事並嚴也亦而端章甫其雅度自堪𢬵耳甞思天子當陽示慈者燕享帯爲有繹環衛者京師誠以勿予禍讁不特在廟濟濟而裁見亦蹌蹌也一旦以儒生與其盛將繼攝懷尹姞之遺黼冔昭保將之度人僉曰祀事孔明賓禮偕重哉而亦則以為先凛法服也則非但有事宗廟已也為壇而待之以望其來既饗而歸之且惜其去譽處笑語如彼至止雝肅矣而黼黻繽紛肅其度於明堂者宜何如臣輯五瑞于廷而式以序帥二伯之屬而求厥章東都車攻不

即對諸侯日中有服

切會同

洪筆流麗不蔓不疏密

弟行廳鷺振矣而遂延睟穆修其儀于玉藻者宜何如也如有會焉雍梁雖斗絕乎而浮河濟渭時會中邦故負斧南面儼然受贄（補倚比亦）于廟其會也以發四方之禁將伯叔甥舅綢繆於王所肅懔之餘者正無僕曰朝曰宗曰覲曰遇曰聘曰問而隊羽旄旌覺報彤弓（橫空盤橫排）不言倦一如有同焉避荒雖梯航乎而踰山遵海來同萬國故亥祀方明儼然受次于外其同也以施天下之政將贄幣琛賓恪共於六服承流之下者直統乎祀物嬪物器物服物材物貨物而露湛蕭濃太行孟門不知隂一其乘乾而御者會服以宣華共皮弁視朝（穿父聯幽作歌側勢詞緒心精）而受于廟則異龍衮以祭而覲聘后又殊服物紀之施用有別

也屬在儒生敢上擬乎顧義昭其文懼維鵜之不稱亦覺絻被之
為褻已其秉坤而承者柔就以示等矣京袞及黼黻寶鏤于王朝
載弁絲衣亦對越于清廟雲日就之章服明有寵也躬召韋布敢
冀此乎顧躬軌諸度戒聚鷸之不衷將與束帶而相宜邑爰計所
服依然宗廟服也赤紱蒼衡赤紱蔥衡象取諸離者無取乎震服
慶容雍
而元端則對天威者嚴乎北面而廟常服者裸于西京一爰計所冠
依然宗廟冠也皇而將享哻而將事制本諸虞者亦本諸殷冠而
章甫則味弁騏者穉乎伊絲而別黃冠者異於息蜡蓋王皂衣裳
重其地者一遵司服其冠之制而公孤卿尹則其班者疇無尊王

敬祖之忱於斯時也。亦敢隕越于下以貽羞哉。

派別自農山先生。而典重清華。壹歸廉濫。泛揉而文麗于淮南

為近。原評

上下鈎貫補綴渾成。而組句工妙。則又秋水落霞。閣公呌絕。倦

式九

如會同　廿十

# 如會同端章甫

歲試福州府一等三名　李天桴

華國者更以會同見志、而章身尚有具矣、夫會同之典、與朝享並嚴也、亦而端章甫、其雅度自堪挹耳、嘗思天子當陽示慈者燕享帶紹（即對端代句中亦照）有纓環衛者京師誠以勿予禍謫不特在廟濟濟而載見亦蹌蹌也一旦以儒生與其緌將緇撮懷尹姞之遺黼冔昭祿將之度人僉曰祀事孔明賓禮偕重哉而亦則以為先稟法服也則非但有事宗廟（切會〇同）已也、為壇而待之以望其來既饗而歸之且惜其去樂處笑語如彼（〇步〇章〇）（〇泥〇韜〇不〇第〇法〇家〇）至止離肅矣而黼黻繽紛肅其度於明堂者宜何如也、輯五瑞于廷而式以序帥二伯之屬而厥章東都車攻不第西廱鷺振矣而遂廷辟膠修其儀于玉綵者宜何如也一如有會馬雍梁雖斗絕乎而浮河濟渭時會中邦故負斧南面儼然受贄于廟其會也以發四方之（精○締○典○析）禁將伯叔甥舅綢繆於王所敵愾之餘者正無佚曰朝曰宗曰覲曰（横○空○盤○硬○語）遇曰聘曰問而陰羽皃旌覺報彤弓不言倦一如有同馬遐荒雖梯航乎而踰山蹇海來同萬國故及祀方明儼然受次于外其同也以施天下之政將贄幣琛賓恪共於六服承流之下者直繞乎祀物嬪物（堅○對）器物服物材物貨物而露湛蕭濃太行岳門不知險一其乘乾而御者（雅○練○作○敏○俐○勢○揭○練○心○精）會服以宣華矣皮弁視朝而受于廟則異龍袞以祭而覲君后又殊服物紀之彰施用有則也竊在儒生敢上擬乎顧義昭其文懼維鵜

之不稱亦覺纁繞之為褻已其秉𥏠而承者乘就以示等矣玄袞及黼黻錫乎于王朝載弁絲衣亦對越于清廟雲日就之章嚴明有罷也躬為章芾敢冀此乎顧躬執諸侯戒聚鵠之不衷將與束帶而相會已爰計所服依然宗廟服也亦綬蒼衡亦紱蔥衡象取諸離者與取乎震服而元端則對天威者嚴乎北面（覲上容祀）而朝常服者裸于西京爰計所冠依然宗廟冠也皇而將事嘷而將事制本諸虞者亦本諸殷冠而章甫則咏弁騏者稱乎伊絲而別黃冠者異於息蜡蓋玉帛衣袞重其地者一遵司服與冠之制而公孤卿尹則其班者晴無尊王敬祖之忱於斯時也亦敢聞越于下以貽羞哉

論語

近

派別自農山先生而典重清華壹掃靡濫泛採而文麗于淮南爲

如會同　李

宗廟之事　三句截句題　李世長

賢者志禮樂之大思其地而著其容焉夫宗廟會同禮樂之大者亦也有志含端章甫冕以見耶若以學人習修一室亦自謂禮樂不可斯須去身矣一旦躬逢盛典而或奔鄉貽譏其不歷朝廷而羞吾黨

紆徐而入跌宕遒古

逸士也哉何哉須尊觀有表見之地而文章寀華國之資雖紛以來

辣句精當鴻須不費

趣界清露恰合不濫

階而一遐想于清廟明堂之際聲身律聲度之儀俟不求自領而幾

衷至紀衷言入題句熟

盤也赤之願學豈徒然哉竊念夫禮莫大于則禮樂莫際于雝享古

聖王美黼冕而昭奏假所以示天下觀之義者維宗廟之事爲要

穩重創格

也四時之期數其禘五年之際合其歡鍾與燔且敢褻祀事于草莽

考卷□□錄　論如蘇徐皋臺劍風儀無遺等二名

考卷彙錄　論　江蘇徐臯臺劍鳳儀世選第二名

乎在昭布穆之間依然水源木本之報上之所為昔屢下之所為昭

度于此乎觀其式斧也君想其時年幽之天子為瀛蹕而致謹動祭

之錡金奉籩豆而嚴落儀然可象者蒙衣之敦敬在寄之鬱燈爍然

有章者祭服之微備錦繡之經緯諸欲厠足其間者而亦以不泯

之也一抑禮莫嚴於時觀矣莫備于會萃吉聖王齋祓裳而修肆覲所

以示天下尊之分者如會同制誡罪也天子之庭轉以瑞讓從之

容讓以彰等成典于敢等王章于度急乎各若各乎之時不廢尋盟

修睦之舉上之所為嘉合下之所為親睦于此乎肅其威儀也試想

其時叔仲甥舅陳玉帛以睦鄰封浦諸郎植象圭璧以觀天室尊兵

赤舄會同古昔人物起下可更之有別

二上者凝旒端冕賜燕亨以言歡欣然攸序者赤芾金舄咏有繹而

下止雍肅雝觀况其際者而攸以默識當之也若是者節以禮而和以

積四縣懸重不倦

樂將貞枚節穆而駿在朝而肅在廟攸服以辨度以言乎服取其端

衮以正也衣袂逢均廣袤相埒端之由來尚矣以章等之于黼黻而

端之來歷端之作用寫出典核風韻鼓舞得體風流

登上與山龍藻火交映于黼黻大介之時禮則煌煌也樂則洋洋也

古雅

構祀式美以絲衣來同載弁以赤爲赤也然勿念此而服然以言乎

冠取乎章甫昭其明也緇布以冪纂組以飾章甫緇冠久矣以從處

寫得甫冠緊密典博精切氣勢以峻氣體沉雄其古絲秘密

之士弁冠而屨上與黈纊垂旒錯陳于瑞玉蕭光之會禮則洋洋也

熱列采雅

樂則鏘鏘也周士表儀以載弁俶人美度以伊騏赤也然無然之而

曁然何者宗廟之事如會同端章甫其抱著也赤也願學術有以
自見焉
總乎小立之際全和平節之情黃鐘大呂未許錚錚細響棲棲然騁
調陶絲竹
如題製局是其老處循題點染是其雅處深題大依不壞一意矣
其高處摹擬之神不離一義是其精處截去顧爲小相之使只
有翻成衣鉢四字意此手逗入公西氏語意便溢然不暗討消息
只鋪排禮制雍容則又將上文願學參縣隔斷鴻溝矣大妙恰如
題際之懸門

宗廟之事　四句　　丙午　沈𣘥德

即廟朝以明其願、固禮樂之士也、蓋禮樂莫著于宗廟、亦莫著于
會同、亦之願為小相也、非欲以此酬知乎、今夫人閣修一室亦自
便能哉上
謂禮樂不可斯須去身矣、領試之禮樂衆著之地、而或不能效襄
贊于一時、則文章不足以華國、吾不知其平居之陶淑者謂何也、
亦於禮樂固願學之已、夫託諸空言、不如見諸寔事、而事之大者
有原有本
則莫如朝祭、嘗考我周之制、吉禮以祀鬼神、而祈禴嘗烝之典、歲
行於宗廟、賓禮以親邦國、而朝宗覲遇之外、兼及夫會同、曾孫告
虔、景福所由介也、而卜日之餘、所謂祇濯省牲者、必有其事焉、載

見碎玉烈光所以頌也而求章之際所謂蔓苴敷珍者豈無其事（對滑妙）乎當斯時也執事有恪吾君不無藉于臣工而服之不衷君子亦自憂其褻越是故公自袞冕以下如王之服也侯伯自鷩冕以下（觀章不可少）如公之服也子男自毳冕以下如侯伯之服也而又有服則元端冠則章甫以左右于其間者厥惟相矣相在宗廟則有以佐龍旂（分承滑法）承祀之儀而不吳不敖乃足匹休于壽考相在會同則有以襄赤芾金舄之盛而蹌蹌濟濟不使隕越以貽羞赤也懷閟宮之享祀（何等步驟）念輯瑞之光儀不敢謂對越在天已無懟于顯相也而或者幸列（剔小字妙　在分配確）堂基則四方之人將于是乎觀禮樂焉而可不以告時告備者致（切）

敬於逆來送往之下乎不敢謂鳴玉趨承已無愧於上相也而或者幸陪御贰則朝廷之上又將於是乎觀禮樂焉而安可以旅進旅退者致誚于承筐鼓瑟之旁乎以介尊彝以司籩豆期無失乎入廟而問之心以從燕享以輔拜稽庶不負乎東帯立朝之譽小相之任赤也願為世有知赤者以是應之而已

到依分明

循題挨講無筆不典無句不切吾何間然　李乾三

頗事雕潤仍復大雅不羣此詞章之極則非取青媲白者所能彷彿也　姚平山

宗廟之事　相焉已矣

沈德潛

志存乎禮樂之地者、以小相自居而已、夫宗廟與會同、禮樂所在也、亦以小相自任、願學者其在是乎。今夫尊親者、朝家之重典、而贊襄者、臣下之攸司、則欲其事者、當在禮樂輝煌之會矣、儒者窮居草茅、雖未能遂其處、而默以為非吾者焉、其若天王與吾君何、何與禮之為也、亦也以之自審、參幸承夫子之教、禮樂固已習聞也、素所講求者、嘗由無體無聲、以達乎清廟明堂之際、倘辱君相之、禮樂可以表見也、素所服習者、竊思坐言起行、以有事于肆祀覲王之時、或者宗廟其有事乎、四時分給者此及七廟也、曰

乾乃萬中課

論語

崑山萬中課

特行者崇及始祖也天子入廟牽牲深慨見僾聞之慕而龍旂

分示子作三贊對末節諸侯

見或佐奉璋之任或司贊幣之班一時廟中具境內之象者果何

以駿奔左右而無忝于助祭之辟公也如會同其有事乎時見而

引出相字

歛王懷孝合諸侯而命以事也殷頫而代時巡者合諸侯而命以

政也天子為增諡誠示龍光譽處之恩而赤芾有繹覲光懷咫尺

之嚴拜手凜揚休之義一時盟壇振天府之靈者果何以詔協靖

共而無媿乎來朝之羣牧也甚矣有事乎相也赤也衣則公端不

閑胡服深衣之制冠緌章甫不殊毋追委貌之容于其間竊有願

深筆正是領謙字之神

焉多藝以事鬼神所以仁若祖考者固非儒生所得易知矣唯

論語

是協集群僚不使寡君有失禮之愆以致天子有思成之賚亦頓

協僚端章甫句

陪君黼卿黻之後少維其顯相之齋雖斯亦平生之素志也與凜

下拜而嚴天威所以尊君抑臣者固亦儒者所得微窺矣今當肆

覲群后不使寡君有隕越之羞以致天子隆當陽之治亦頓于紹

小字亦不略過

擯末擯之閒少贊其求章之有恪廢亦私心之竊慕者與相亦末

語語是矣能神

易也小相則願為也以常布之微而觀光于朝廟恐難免不能相

理

禮之識分介紹之末而身與乎趨蹌耶以當攝官承乏之任敢云

能之也耶

以天子作主論本儒先鏗喤管嘒中仍不失謙退神理　張□

仰峴軒四書文

理緻和平使人聆繹俱懌　同人　金憺

如會同端章甫　林墀

事有與祭並重者、凜之以先王之法服焉、蓋會同之事、其重既同
于宗廟、則衣服之慎、固其宜也、端服章甫、亦殆欲因是以見志乎
（原評：起語整飭）
今夫分之尊者其儀必肅、地之重者其服必隆、非獨廟中然也、雖
朝廷亦以此意凜之矣、如赤願學禮樂、而及于宗廟之事、誠以宗
（原評：說宗廟與觀下截）
廟也者、禮樂之所在也、衮冕以臨、事莫重焉、絲衣以將、官莫備焉
（原評：暗映下截）
黼黻文章以祀典莫隆焉、其駿奔之禮、與格祖之樂、皆布衣常帶
之士所未嘗親歷者、而謂可以不學而能之乎、雖然猶未盡所願
如列辟群奉一人之德意、而入覲天顏、則以其愛親者愛君將朝

見宗過不啻若禴祀烝嘗之迭舉于四時而不厭其數也若是者（倒滞去）為會知六服共隷天朝之法度而載見求章則以其尊祖者尊君將同軌畢至無異于歃合萬國者之特舉于五年而不嫌于徧也如是者為同今日者諸藩雖云簡慢不朝失人臣禮然天子苟自振奮降明詔以責之其誰不奉命唯謹者以赤舄想其時有命焉（根評兩會同映襯停下）而莫敢不會也有大事焉而莫敢不同也赤芾以來朝衣服之飭（義）甚盛冕服以進見威儀之際甚謹龍旂物釆以受事交接之禮甚（緊貼滚下矯健）慶而欲以布衣韋帶厠乎其間何以崇茲國典蓋有端焉是祭祀所宜用之服也而會同亦如之何不以是章其身有章甫焉是儒

俞蕃

者所宜服之冠也而于會同為稱曷不以是貴之首黨集四國之衣冠以尊天子（陳揖光容）其事嚴于對越故幬衣裳冠可以處吾黨之中而不可以立君公之前修祫禬之常儀以觀一人其情等于奉璋故錦繡才綺即可以作美富之觀而不足以施壇坫之上若是者何也不敢以褻服而承錦貢也小相之為烏能無願乎

麗藻繽紛光彩奪目原評

上偏下全題既要剔清又要綰合此不易之法也看其餘波綺麗胸有經籍不似貧人借富人之服徒見寒陋耳庭聞

宗廟之事　二句　林朝陽

徵禮樂於宗廟事莫重於會同焉夫宗廟禮樂之地也而其事莫大於會同之願學者志固在此耳嘗謂禮報情樂彰德近所自生樂所自始王者所以洽歡心於萬國以展其先人要其事有統行於廟而承祭與享大賓情文備故以吉禮事鬼神即以賓禮親邦國而明備之休可共見焉亦廟學禮樂蓋以禮樂備於宗廟也王者舉大事必受命於祖所以昭王章即以尊祖制嘗考宗廟有功德可祧者則別立為宗有主祏不可毀者則於廟其歲時以祀其未事之先則卜日卜牲而賦條惟行

一曰則朝踐饋食而薦蓋加天子穆穆以臨而列邦之以職來祭者或執燔而至或以胙而歸莫不仰納牲詔庭血毛詔寘羹之詔堂以裹維清之盛舉也亦將於此乎觀禮守祧而掌以八人者廟而爰及先妣大禘而追所自出禋宗而兼及功臣故其春秋匪懈謹之於先事以贊宿懸而彙器謹之於臨事舞干戚棘而展聲天子雍雍以游而羣辟之有事為樂者或為鷺之飛或為馬之繁莫之不聽王出入奏王夏尸出入奏肆夏牲出入奏昭夏以贊肇禋之大典也亦將於此乎觀樂禮樂之事將於宗廟乎盡之矣而未也廟門之內全乎子廟門之外全乎君其在覲禮侯氏之來朝也則

釋幣於禰其在同儀諸公之為賓也則入廟三享亦以為事之文者莫如會同會不門而諸侯分會於鹹而諸侯散外此兵車衣裳非所以威州服矣有如一日者天子修事功書曰之儀而答鉞命之大藩彤弓頒之侯服與所謂修意修文修德修言修名咸斁不庭而歆愾將月策勳飲至而書勞以告其祖奏愷以樂其神王鼎鐘鼓之靈式昭王度豈不可見稱高常武之休哉繇之同為同欲戚之同為閑惡外此清郎馬陵皆非所以尊一統矣有如一日者天子無導河周嶽之從而方明以脩肆祀壇墠以命藩臣與所謂陳詩納賈考禮正刑一德咸修職事而來王將見受福綏成宗旨

密旨之文人脤膰介共繁祉酒醴笙簧之好共拜王休豈不可見
無藻裳華之烈哉於斯之日受享於廟受贄於廟凡在會同者燕
饗為歆各凜用命當陽之盛龍旂載見如分黃流玉瓚之光赤不
才竊願端章甫而相之

會同宗廟中事兩句原是一串文有根據而佈置亦自從容

宗廟之事　章甫

福建黃學院歲試
漳浦縣學九名　林儕鶴

欲有事於廟朝者、舉章身以見志焉。夫宗廟會同、誠見禮樂之地也。亦非果能者、何計及於端章甫耶、意曰、天下所以重淵淑之學者、謂出而酬知不愧。廟堂之黼黻也。自揣鄙陋被服未嫺然後能與當前而章采弗施於我躬。則亦大負居恒之被服矣。如赤於禮樂未能而又云願學何耶。蓋輕裘出使、昔嘗奉命於諸侯、縱莫攝千乘之名。亦安敢自外於中和之地。束帶立朝、素復見稱於夫子、既夙在推許之列。亦何不可設一表見之期。赤今褚冠儒冠服儒服與二三子整襟諦志於几席之前、非有祀事之孔明也。亦非有

一口吸盡　如潮生然　映帶藏題妙是承下語脈　又翻出禮字　其帶即翻宗廟會同

近科考卷雅潤集　論語

亭王之所集也其於祭義祭法明堂玉藻諸篇即肄業及之亦第
淺嘗云爾而猥曰禮樂可能也其誰信之頤赤誠竊有志焉者八
政之中祀居其一或分薦之於四仲則祠禴嘗烝也或合饗之於
五年則廟祧壇墠鬼也彼龍卷鷩冕在上者方於是展孝思焉頤肅
雖之儀誰為切究者可僅曰袞延旒采之有文已乎六官之職賓
有攸司其四時來會則朝宗覲遇之殊名也其六服盡朝則侯甸
采衛之同軌也彼皮弁元冕在上者將於是合歡心焉頤彬雅之
意孰是講明者可僅謂藻火粉米之互映已乎赤於是懸而擬之　落、句、聯、活
黙而籌之曾孫之黼繪昭矣而自此以外堂基與焉之側有拔拂

於其間者伊何楚〻也曳婁之華是伸肸蠁之虞而亦亦試命司
屢
服以飾衣向弁師而問冕藻后之衽裳蕭矣而遥想其際拜送婚
賵之文有輝煌而可觀者伊何樂〻也委蛇之度凡坐擯拈之色
而亦亦竊思逢掖之不稱念緇撮之無光義取乎正服則端也制
點法亦見
沿夫商冠則章甫也宗廟之事如會同焉皆所必需也求雖載見
之什不復觀於下堂矯祭之時而要不可不常存是想在衣葦帶
之儒亦豈寔有然紱爵俅之盛而特不敢不預質所長一世有知亦
須為小相焉夫子以為何如
映帶毫不著迹得煙煙籠月之奇 須與一

宗廟之林

步步帶末句用意輕挑淺撥不將三禮呆填神光離合乍陰乍陽其態度固自絕世　程藻倫

○○○如會同端章甫

福建高宗師歲　周　行
入閩縣二名

會同有繼宗廟而舉者、其冠服之盛可想也、夫朝祀莫隆于會同、亦猶祀典莫大于宗廟也、此豈异人任乎、若端若章甫、可額為擬耳、嘗深維乎朝家之重典、而知服物采章、燦然可觀者、匪伊百爾之駿奔已也、方其入室裸將、固合臣子之歡、以事其宗祧、若而明堂班瑞、即大一人之慶、以觀此康侯、其肆覲之儀、固與在天之對越而並重、誠非布衣之士、束帶之人、所敢竊也、亦所願學者、已在宗廟之事矣、想我周當日丁未告虔、曾孫昭有道之容、而肅雍者、盡袞衣之收、伯元后蕃清穆之度、而稱膚敏者、皆服冔之黼扆、文物數名、洵云盛矣、嗣是祀事既朝、爰崇　后則會同之祀、亦煌煌乎一代鉅觀也、亦

（截續上文）（恰好是位而止）（映帶大雅）（從宗廟出會同）

試牘名文　小

試即其時而想之有如天子當陽羣侯用命維兹躬桓蒲穀咸欽一覲天顏以颺喜起方是時無敢數也無敢隷也其為千乘之至欲各（鋪襯題未床寔）因事而賦龍光其為六七十五六十之辟於六應期而歌燕喜於會（知字起）所卓名也事蓋與宗廟俱隆也有如天王輯玉羣后西率由允兹侯甸要荒莫不恪守彝章以遵侯度當其際無或先也無或後也其富強之績有奏乎統私弟以劑宗其陶歛之化可風乎合共球而来享此（緊逗題宗廟）同所以樂也事亦與宗廟並盛也亦也思宗廟之赫奕如彼念會同之震疊若此愾覺猶彌凡筵之地無非蹌濟之儀明廷拜手之時愁為穆皇之象（作一折落下故對面）窮簷蓬蓽儒生不獲身際休明垂紳搢笏其旁為足恨耳雖然亦終不敢忘也間嘗考先王之法服稽先代之祇冠爰有端

焉有章甫焉而赤試取而思之爲閒宗廟之中裳衣之設者皇矣之陛降也常服而裸獻者髦士之奉璋也而于其側即有人焉奉冕（宗廟會同分項老甚）綏之峩峩正珮玉之鏘鏘使覩者凜而羨之以爲是端也是章甫也先公之靈爽寔式憑也斯六宇內之殊榮已爲閒會同之際會弁而琇瑩者圭璧之儀範也安吉之時惕若七命之公孤也而于其間即有人焉整冠佩之翼翼垂帶裳之几几使瞻者覩而肅之以爲此端也此章甫也先王之寵命所由屬也斯亦古今之盛事已備異日者赤苟得馳皇路惠宗公三三千行且以時會來同之經起而閒亦許（收處别有情致）相與觀赤于宗廟焉赤遂可遽自慰乎亦祗對此端章甫而恧然愧矣小相之任或庶幾乎

武體名文　下論　如會同　周

氣昌明詞潤澤寫會同句紫抱宗廟寫端章甫句不側注會同數

宗廟之事如會同　邵雲清

禮樂莫大乎朝祭賢者神遊明備之世矣夫祭有宗廟朝有會同禮樂備是矣亦也志在願學能不舉其事而神往乎且儒者苟陶淑情深則上之華國以文章下之飭躬于爾雅何在不可見中和之用哉然而一人承七鬯清廟揚玉[illegible]之休萬國拜冕旒明堂著穆皇之度其典聿隆於往古而制亦備於當今夫固有心者極不忘耳何則士人身際律度聲容之後則三代之制作每舉念不忘故自宗祊有肆方岳有省而酒醴筐篚之地固聆巨制于煌煌況吾人志切鼓鐘玉帛之中則一王之儀度豈置之不問故自一人

（高華流麗學語卓鄙之什）

考卷連城　　論語

孝享萬邦式好而駿奔蹌濟之區亦徹隆儀之赫赫蓋我周配天與義慶有道之曾孫封地錫詩美令儀之君子溯極盛於初年可想見樂備禮明之代即我魯祀溯姜嫄頌閟宮之有侐威行淮海思泮水之是從因式微而懷彼美猶神往禮章樂舞之朝有如宗廟之事乎從天子大獻舞之制其事莫先尊祖而敬宗覩夫五年之燕享必隆九奏之笙鏞必協稱盛舉者莫盛于此矣夫共球而祀見簠簋而來陳我先王統列服以整飭屏藩而執事有恪者且典則之章昭也而況宗廟乎以故歲時日月主祭者對越之有儀而禴禘嘗烝助祭者祼將之無失我知其時秩宗方司典故而禮

風神駘宕　敷辭頌高　互映生情

非具文縟嗖亦凜奏公而樂非虛語孰不有事爲榮者歟有如會同乎諸國君修職貢之文其書英如綏章以入覲覲夫式序之必嚴其秩肆覲之必執其贄覲隆興者莫隆于此矣夫來雖偕上肅載見咏在公共先王合萬國以孝事祖先而駿奔在廟者且等威跌宕風流非但河函至陳迹已也之成秩也而況會同乎以故朝聘往來既觀光之有日而發禁施政亦對揚之有期我知其時咫尺凜天威四方於是而觀禮群侯燕鹿鳴四方於是而觀樂詎何貽羞隕越者歟由是而薦牲有一定之儀陳異數于廟中非其事也協奏有不易之章獻非舞于宗京評閑議絕自開係室非其事也事在而諸侯不得上僭天王大夫不得旁侵則序則

宗廟之所行實陰以杜僭禮僭樂之漸時邁必振其王綱兵車之
合非會也載書必表諸大義私欲之同非同也事在而要結者不
得妄與其中挾制者不得妄參其內則會同之所在寔顯以示夫
禮大樂之歸薦馨香而集球玉固極儀文度數之詳袞俎豆而肅
班聯端賴乎佩帶紳之士亦也竊有志而未逮矣
題固不容宗像一味濃郁要之趣也又則華贍中自饒風韵頎
隨　　蕙

宗廟之
部

如會同端章甫

胡曾肇

以會同徵禮樂之全、可以昭其度矣、夫會同之典、固與宗廟而並重也、服則元端而冠惟章甫、賢者所為自表其度歟、且王者撫萬邦而朝羣后、將以集共球於列服、而即有以煥物采於臣鄰、益尊王與敬祖俱隆、宏昭大典、而表著與冠裳並飭、聿示風徽、誠幸際夫明盛之休、以謹凜夫章身之度、而此日之澤躬有素者、乃得懸其象於從容被服之餘、豈特宗廟之事已耶、今夫一人袞冕升香、而六服承流、既暢遙威於祀事、天子無裳、高拱而列侯入覲、尤嚴典則於王章、詩有之、會同有繹、夫豈細故也歟、輯五瑞而來庭、圖

和潤大方

映帶無痕

事陳謨四時原有其定候而時會以敵王愾天朝之服物彌著森嚴所以九儀掌自行人形弓用酬嘉貺而崇壇奕奕何弗與明堂清廟同仰赫濯之聲靈駕六龍而肆覲冬恒春岱四岳共沐夫恩施而殺同以代時巡百辟之衣冠倍形肅穆所以玉敦珠盤禮垂玉府蓼蕭湛露慶洽龍光而施政煌煌胡弗與裕禘嘗烝共樂天咸於咫尺于斯時也貢厥而立者山龍日月貴其華北面而見者

即○以○下○發○淫○紫○上○截○落○下○更○不○貴○力

赤芾金舄佩其儀會同主謂當不思祭祀主敬也則夫際玉帛衣裳之盛而未徵陶淑先求辛藏即何得以草野倨侮之容致譏壇拈搢球玉者天子冕璪與龍袞交輝偏山元者公侯裨冕與繡裳

互映吉禮以祀騶豈無賓禮以親也一旦與聲明文物之路而未
著柔嘉先標儀範更何容於委佩垂紳之際溷厥章施赤於此時
蓋服則元端焉冠則章甫焉凛非法不服之思端居豈無恒度而
考元纁於司服更覺質有其文也方惟中矩叶六二之占以永今
文情斐亹
朝異三袪之制束帶矜莊之下不特薦馨香於肆祀載詠緇衣而
翊戴在王家將盛飾雍雍幸得免夫羔袖狐裘之誚表居冠縞武
之素燕息不乏常儀而緬緇撮於彼都更覺古而可法也制等布
冠亦猶是毋追委貌名傳枝木詎等於縞武垂緌有頍在首之餘
徽獨嚴對越於神明用昭弁冕而王朝有鉅典將余冠岌岌自不

類於玉纓瓊弁之靡。是則統萬國之車書。而天子當陽。諸侯用命。無非禮明樂備之休。彝采章於玉藻。而衣服有量。冠帶有常。用勸理幽治明之典。惟茲小相。是赤之所未能而願學者耳。

端莊雜流麗自是當行出色之文　阮蘊村先生

有典有則以雅以南　郭敬堂

如會同端章甫

錢邑尊中尊科　殷　輅

覆第三名

更即會同以言志當思有以飭其度矣夫會同亦驗禮樂之地也赤與宗廟而並志之能不思及于端章甫哉且儒者才堪華國方將於在廟展其儀即可於在朝昭其度愼毋樸陋以自安謂有當於文物聲明之盛也蓋有典有則輯瑞不與薦蘋之制可儀可象肆覲無殊對越之容則所謂正衣冠而尊瞻視者固不徒見諸駿奔之頃也一如宗廟之事翼翼者曾孫卷冕而隆享祀君綿副綿而立房中皇哉大哉乎然而來饗執豆贊襄其事者既可以驕冠裳之列而薦圭陳璧趨蹌其間者尤足以徵身度之昭則如會同時

（借映妙不佔實）

論語

乎一堂。鎬之嬉濟濟雍雍。則天子會與於上。而時會以發四方之禁。將

○○○○○映○帶○下○句○絕○不○沾○滯○

奈衣繡裳黻火齊於咫尺。依然彤弓旅矢之遺。文武之光烈未墜。

則有辟承流于下。而來同以修六服之恭。將鷩冕毳冕望華轂而

武翔儀然。湛露蓼蕭之盛。會同如此。豈同包匭不共。宗廟之不享

○緒○上○狡○齊○不○

劃矣。其制亦遂湮沒而無聞哉。斯時也。君后之鳴鸞佩玉以在上

○撰○出○下○句○生○情○如○此○恰○稱○故○能○仍○紹○下○句○正○面○地○步○

者服山龍而垂日月。奚啻袞冕之昔。處赤舄常布。自安將何以肅

皇儀而揚休。於宸廟有齋莊之委佩垂紳以就列者。韎赤芾而詠

金鎬。不但諸事之有恪赤也。儒洗倫列。又何以彰寵命而樹望于

隣封。誠以尊王與敬相原。與制之並隆。故章身之與羅前。自等威

黻爰有端在赤服之爰有章甫赤冠之羽儀王國貴乎兼示
貴乎朴飾下端以祭列服用於宗廟不聞用於會同然戢事之脩
較繁香而庭重則衣裳楚楚濟戢弁章之流耕一辭較明近尚其莊
不尚其餘緋章甫以祭殷人及於宗廟未嘗及於會同執玉職之
共視郊享而更隆則戴弁哉不致僨人之致譏然則端與章甫
亦有志禮樂者所必及也豈宗廟之所需而會同遂可無用乎哉
要之警蹕遙臨則躬桓之儼恪一如烟熏之鄉煌故泰同秉稍可
覲儀度亦彰摯圍者總齊皇之鉅典然被服不稟則豐陛之隕
越何殊思神之怨恫故法服禮冠既和神人尤經邦國者一本前

代之筆程願為小相亦將以此副知我者矣○

誰不知帶從丁向所患胸無卷軸則東塗西抹彌增醜態此文

原本經籍供其驅使處處紛聯筆筆映帶旁見側出絕無一語

犯複腹有詩書氣自華在典制中可云傑構　暌紫洲

縉上帶下躊躇滿志如火如花令人目不給賞　濟川

如令同　殷

論語

宗廟之事　　章甫

歲試漳浦縣學一等五名　徐士芳

兩舉禮樂之地、撫衣冠而動念焉、夫宗廟會同禮樂地也、元端章甫、重其事、故不敢褻其服已、今夫與人家國事孰是彬彬禮樂之地而為萬國衣冠之所畢集乎夫國典莫隆于祀事列服必稟其章王苟章采弗施亦無貴乎躬逢盛典矣亦所願學者、為何事哉、思昔我周之有天下也亦清大定寧王端冕而歸國元公繡衣而渡河建立宗廟分封國邑執圭瓚而告歲冠帶之倫咸受事輯五瑞而肆覲黽騖之數盡來同蓋周之禮樂日以明備矣于是乎有所謂宗廟之事焉宗者尊也所以祖有功宗有德也廟者貌也所

原委甚遠

伏下

以藏形神嘉體魄也古者將有事于宗廟則命較射澤宮簡羣士之志正體直者以與而迎牲迎尸禮莫詳焉升歌間歌樂莫備焉誦於穆清廟之章恍睹黼黻文章之盛如或從而會同焉會為有事也則必為壇國外以詔之也同為不孫也亦必建壇近郊以集之也古者將有事於會同則命上卿量職擇羣僚之美秀而文者霈命而北面西面禮莫嚴焉工歌金奏樂莫具焉讀載見辟王之什究見威儀文物之隆夫地之重者儀自不可以不肅也典之鉅者服自不可以不莊也則臺笠於龍袞紱縱者褻也蹟縫掖於赤芾金舄者陋也爰有衣焉名之曰端取其正也而冠則章甫殆與

毋追委貌並垂一代之制云蓋下之事視乎上以爲事則下之服亦視乎上以爲服一致精意于十倫豈必假服飾而後彰然黈纊塞聽冕旒蔽明在上之齊齊勿勿致美於外彌以精潔于中也則當茲有事宗廟之時能弟以禮服是宜者輝映冕旒黈纊之間述職事於九重豈徒藉冠裳以表敬然取象作繪取物作繡在上之穆穆皇皇大觀有曜正不容樸率貽羞也則當茲有事會同之日能無以禮容維飭者照耀作繪作繡之側洵非端章甫無以周旋宗廟會同地也禮樂之事敬謝未遑小相之爲聊以承之耳

注下相字

詳聽文氣端重不佻於神吻尤爲宜稱

宗廟之事　相焉　癸未　　徐用錫

賢者審於禮樂之大而欲以身任焉夫宗廟會同禮樂之大者也子華願為之相其以身任之而不負所知乎若曰禮樂者先王所以治天下之具也通幽明則萃其渙大聲教則合其離士君子即不獲躬逢其盛要不得謂此煌煌者之無與於我事赤也竊有以自審矣念斯須不可去而準今酌古敢憚煩於聲容度數之微得至教之親承而坐言起行思置身於清廟明堂之上以格祖考以洽臣民禮樂孰大於宗廟一旦而有事登降除殺之節明信於此昭焉所以告卒事者豈徒恃一人之穆穆乎時以發禁族以行政禮樂孰大於會同一

承上節

文情畢露

徐塤長鶴

論語

且而有舉進反詞令之宜責讓於斯免焉所以彰令儀者豈徒恃四牡之奕奕乎甚矣相之不可無也（先出相字局法緊嚴）于斯時也（節太分）元端以為服周旋折旋秩然有規矩之思章甫以為冠正容竦敬峩然念髦士之盛赤也（浦秦好）他既無可自見矣假令祝嘏有命無序者不必在大也笑語未獲而神聽之和平已乎所云駿奔走而表肅雝者謂何也赤也他既非所素習矣假令擯詔攸司失容者不必在遠也進退無據而四國之逡贛（閒合頌於雍容數腴）已生所云無隕越以貽君羞者安在也若使端冕而與人神誠敬豈弟以達乎制作之源妄自附作述於聖明則吾豈敢（字字斟酌）第使束帶而隨多士左右趨蹌以觀乎邦家之光差自學（瑤渢雅令）奉教于君子已非一朝以

爲小國所願焉此而撫大國之間則神保是饗友邦無怨或若望（文波不竭）（詞氣妙）
兵荒之可消此而承足民之後則黍稷非馨玉帛相見即以期豈寧（在謙婉）
之可久未審其可以酬知焉否耶

溫麗中自存風骨魏公嫵媚固自不同　劉魯田

詞義華與聲情婉和節拍安雅文造此境殊非易易　戴田有

自金陳開派罽張凌厲多非帖括本樣似此氣調玉色金聲真是雅則　楊文叔

匠意經營處處不失謙退語氣詞理兼勝之文　成納齋

懷文抱質詞意相副和粹淵懿真嘉隆人風度

宗廟之事　相焉　徐用錫

賢者審于禮樂之大而欲以身任焉夫宗廟會同禮樂之大者也
華顧爲之相其以身任之而不負所知乎若曰禮樂者先王所以
天下之具也通斷明則華其渙大聲嚴則合其離上華于則不獲躬
妙能領二一類字技切而不盡
隆其盛要不得謂此煌煌者之無與于我事亦也竊有以自審忽命
是顧事赴呂
斯須不可去而準今酌古敢憚煩于聲容度數之微得至教之觀承
因顧有爲來句俱領得起
而坐言起行思置身于清廟明堂之上以格祖考以洽臣民禮樂兼
頭祝
大于宗廟一旦而有事登降奠獻之節明信于此相爲所以告卒事
者豈徒恃一人之穆穆于時以發禁赦以飭政禮樂兼大于會同一

旦而有攀進反詞令之宜責讓乎斯見焉所以靜令儀消莫能寧四

先按相字　每是相字段

壯之奘奘乎甚矣相之不可無也于斯時焉亦端以為服周旋折旋

秩然有規矩之思章甫以為冠正容據撤巖然念髦士之盛亦不少

泉語氣妙絕非自為君子也　妙用虛筆一正頓即自然大　擡出謙

儆無自可見矣假令祇搬有命無序者不必在大也笑語未獲而神

聽之和平已畢所云駿奔走而表肅雝者謂何也亦也佽然無所素

習矣假令擯紹攸司失容者不必在遠也進退無據而四國之瞻觀

擡貌直當尸如在的不正

已定所云無隕越以貽君羞者安在也若使端冕而與人神誠敬

接年進止作闊正使閱虞退一步

以達乎制作之源妄自附作述于聖明則吾儕敢幕使乘帶而

擡也書于自書是收足好

左右趨蹌以觀乎邦家之光盍自覺本教于君子已識一朝一心

為小相固所願焉此而攝大國之間則神作自享友邦無怨者以兵荒之可消此而承足民之後則黍稷非馨玉帛相見即以其豐之可久未審其可以酬知焉否耶

匠意經營處處不失謙退語氣詞理兼勝之文　肖雍齋

網齋跋語得作者深處自亦也他既無可自見以下苦心饋貽詞義並圓華口氣[illegible]筆而散珠矣

宗廟之　節

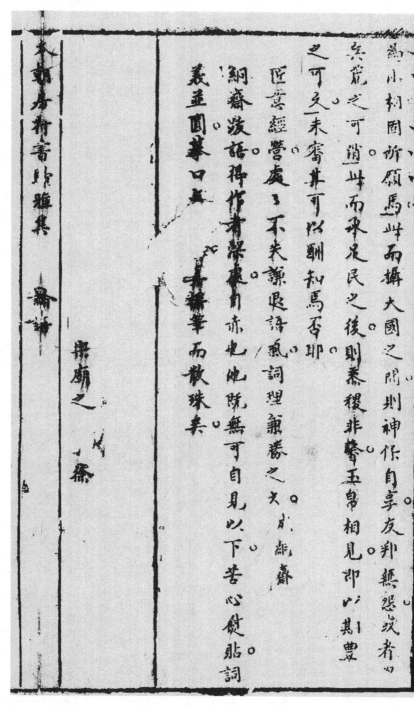

宗廟之事　相焉

江南李宗師月課
長洲一等一名　徐昂發　中式

國之事在賓祭賢者願以小相學焉夫宗廟會同禮樂備矣願為小相亦欲以學之優者酬知乎且古之君子禮樂斯須不去故不必登廟堂之上而言而履之即禮也不必列冠裳之會而行而樂之即樂也亦願未之能也蓋禮樂之大者莫大乎以吉禮祀鬼神以賓禮親邦國教民重五教而祭總食之後範列入政而賓處師之先其可埒虛願以往遂謂足以洽神人之和兄弟之好以之輒附由求後哉亦竊願以宗廟之事學夫宗廟則內事也非外事也故礿則不禘禘則不嘗嘗則不烝其鉅者既極等威之辨而

妙在根據諸侯之禮

本朝直省宗師　下論

于迎牲羞齊詔祝遊户尤有礼以秩之矣夫宗廟之事則力人也亦外順道也故上治祖禰下治子孫旁治昆弟其精者既竭人道之宜而至于詔堂詔室拜至拜既尤有樂以和之矣雖然宗廟之內漁汙之謊于是發軍旅之政于是出賓客之事于是接故兩

側

下

漏洵妙有主神

君相見主人致辞惟不腆先君之祧掛以俟命于是陳薦俎脩百官升歌清廟下管象武以修国典則論宗廟之事而及會同非彬

按定礼樂

彬乎礼樂哉故會同而為主也者則三祼入門灌以鬱鬯三揖至階陳其爲宰莫不于廟將事焉而况夫国有宴盟之主小邦有幣賦之承而烏庸胥濊會同而為賓也者則出而遣禰徼福于先公

人而薦至受成于烈祖莫不于廟肅事焉而况大則奬王室以敵
愾小則平與國以修睦而何敢急遑斯時也徼皇尸之景福而鄉
邇裸大夫贊幣士執豸所謂序其礼樂而使神罔時恫者則有相
合二國以成好而鄉上擯次夫承擯士紹擯所為示以礼樂而使
点題亢注○末節
外不相侵者則有相亦也有志未逮願服元端冠章甫為其小者
而已夫宗廟之内繡黼以祭會盟之事貴有煩言惧嘉貺委草莽
燕○饗○侯○喪○旅○以
也則蔡敬溢文然後黍稷馨而干戈戢也祭行身礼而相為司馬
薦○作○術○務○司○止○將○則○忌之○特○禕○輔○為○司○馬
會同行燕礼而相為司正恐典礼淵閡越也則周旋登降何以威
儀擧而采齊中也亦進于門墻久敢不以奉最誠

熟精三礼之寀孔義賈疏一時涌現○按時見曰會衆頫曰同
註語亦本鄭氏断爲諸侯朝天子講若判定在兩君相見上則
會字似說得去同字終說不去按大宗伯時見曰會註云時見
言無常期王將有征討之事則既朝覲王爲壇于国外合諸侯
而命事又大宗伯文時會以發四方之禁註亦如此乃或援礼
記相見于郤地曰會及左傳有事而會二語生熱在諸侯上不
知此是衰世求盟乞成之舉于周初典礼何與况郤地一言以
無常地爲義趙鵬飛辨之因援周礼因朝而會之義見其的有
[illegible]所矣然其義有可與者則以司儀文內有諸侯爲賓一條而

礼記亦載兩君相見之礼雖未嘗明文著之曰會然本此為解
或無得也至同自是十二年不巡狩王殷見諸侯之礼大宗伯
職註六王十二歳有故不巡狩則六服尽朝朝礼既畢王亦為
壇以合諸侯所命之禁一如巡狩季彭山竟以所禁王都請命
方岳分講是不知前註所云乃是贊誥禁會處如命典礼考礼
命市納賈之類不是殷同之外更有巡狩之同蓋王惟不巡狩
六服尽朝所以有殷同若既巡狩安得有是也以一事而析為
兩參與且諸侯安得有同礼至欲并會同為一豈非尤朕註中
時見衆頫之義乎至會同礼顧鱗士謂行于宗廟其說亦未尽

朝亘者宗師

然蓋諸侯惟春夏行朝宗之禮于王受享于廟秋覲冬遇則一受于廟門許在廟中行禮若會是為征伐同是為王有故不巡待其禮原出于朝宗四者之外其歲則六服〻不當朝者俱多是以司儀壇朝解鄭云壇在国外引覲禮諸侯覲于天子為宮作証又云四時朝覲皆受于廟此謂時會殷同則六服有不當朝者直于壇朝時行盟載之禮而已此尤會同不在廟老大証據也

原評

在兩君相見上立議者馮氏厚齋之說也然按周禮確是諸侯會同于天子蓋春見曰朝夏見曰宗秋見曰覲冬見曰遇四時

之外。不以常期而有事而會。則曰會。至所謂同者。十二年而王
巡守無是也。惟不巡守。而六服尽朝曰同也。何得專泥馮氏之
説。而竟公兩君相見乎。故此文與原評。決不可不覌。○此種文
有功經學。吞友武曹先生謂此文光采氣魄。能令制舉業千年
不廢。經學亦如日星在天。光景常新。非虛獎也。又原評云。語語
皆有考証。恍如得見鄭康成王子雍孔穎達賈公彥輩之抵掌
言礼也。其言亦允。奇偉一

宗廟之　四　徐

如會同

江南鄭宗師科八 孫詒
江陰縣學

更念及於會同將以自審所學也夫會同之典綦重矣赤也更念及此非亦以為禮樂之所在哉且自昔分茅胙土以來凡各君其國者莫不有敦奉一人之義焉地之遠近不必同而時見即以降修睦爵之崇卑亦不一而衆頻悉以稟天章煌煌乎鉅典之攸存觀禮樂者於是乎在蓋亦儒生所每念不忘也赤之所願學者豈特宗廟之事哉有邦修灌獻之文而贊幣牽牲三事大夫咸肅翔蹌而至止一王者明禋之舉而駿奔對越凡蕞守土亦勤羈靮以偕來是則諸侯之祀天子固即祭祀時有可徵者有如天威是凜違顏者經幾何時

詞義并也

而久重以時事之當陳請命之冊忽焉二三方邦即一歲之中或一

切會

充而再見國之好合以尋盟也於是乎有會列服勞從時巡者曠有

以間

歲年矣顧誰則敢驕蹇而廢禮覲出以安居柔在屏藩縱僻處遐荒

以無常有定分後

亦梯山航海悉從徵闕以來朝也於是乎有同會無常期而肅肅而

會同此分中節見矣出也

敬雍雍而和祖偶於兄弟婚姻之國者寧以無常而致弛其度而有

定制而莫不來王莫不來享和輯於玉帛冠裳之盛者更以有定而

各慎其儀以謹侯度至處也以覲天顏至肅也以聯與國之歡而申

共來之戴大禮於是乎行大樂亦於是乎作也其或兩君相見來覲

使見不可無相

燕密於殿陛先觀揖讓於班聯何以周旋無失禮至於六服盡朝大

侯不以驕抗損親睦小侯不以卑靡滋隕越孰為左右免遺虛棄也

言念及此不禁敔然於會也不禁慨然於同也雖今日齊侍於予側

（深妙統捷轉下居高筆）

（脈法流逸上接詩）

惟是從容聚會於一堂几席相同而講業而一思夫賓主於盤之交

錯大小共球之畢集猶不忘以韋布初觀光而異日者從君子後親

見鄰侯好會以相先列辟來同而載見則此際之赤芾金舄交於路

躬桓蒲穀列於廷亦何啻以鬯旅褒祀典如會如同蓋與宗廟並重

也亦敢合朝祭以明願學之事

徵實題每患蹖捭不靈此則蔚皇典麗中氣機仍自流暢恰合如

神情○會同固屬諸侯事而如字則在赤身上遙想其事而言

也總從請俟身上說則失知宇闇神歸重赤身上說又易溢於題
外惟此實講會同卻步步是赤之遐想是赤之言志便之吸動顧
為小相句。人之標選歟也意在己之功名而余之標選歟也專
在人之功名非己之無意於功名也蓋公者道私者非道共聞者
道獨聞者非道使天下皆得與聞斯道即為吾道之幸是余之有
事於選為吾道計而非為一己之功名計也余兩科未試因病也
而人之視余又似無病者而余之病乃人所不知也鄉黨皆疑余
訛余余卿作俚語以示之曰落落宇宙開胸襟何可窄可出亦可
處貴賤道不易廊廟詔鶴儒深山待騷客志趣異必同時命還自

賁選政雖素操韶華久虛擲七戰棘闈場已倦奮飛翮況復多病
魔從茲守困陋樂事惟孝友閒情寄泉石床頭萬卷書展玩忘晨
夕餘味在胸中難向時流白瞿曇殼

如會同 三

孫

宗廟之事　三句

山東彭宗師歲試　東平州學一名　孫廷銘

禮樂而有其地須學者先致意于礼服焉夫宗廟與會同皆礼樂所
最重也然有礼樂即有礼服矣衣則端也冠則章甫也故亦先志之
意謂儒者坐誦草茅安所覩殿弁於清廟肄覲于明堂哉故韋布自
安而章身之無華也久矣特是制作之輝煌未能疊見于目前而返
之寤寐覽情深于聲名文物之地者已非一端所能覽而佩服雍容
之雅又無不可以想像而見其盛也一如亦之須學礼樂也亦何者而
弘儼擴大
非礼樂所見之地哉昔先王隆報本之文而立廟不緩于立國故南
郊配天而後遂入廟而頌曾孫夫固有事屬于宗廟者矣昔先王集

一統之勲而威權必先于馭侯故巡狩有慶賞之施入覲有燕享之
文夫固有制見於會同者矣獨是惠於宗宮豈僅致毖芬之虛文巳（光頴清警）
乎吾知灌行九獻將於是乎觀禮焉工歌四闋將於是乎觀樂焉則
宗廟非尋常之工祝矣不然跛踦以臨而禮無以為恭敬之節而樂
無以為和平之聽將神明能無怨恫乎赤也與懔祀事恍若親明偹
之盛巳昭著於玉帛鐘鼓之間者而縮酒包茅之貢擲奕奕乎如當
前事也而寧能忘之抑天顏咫尺豈徒習舞蹈之空文巳乎吾知郊
旁蒼幣將於是乎行禮焉吹笙鼓簧將於是乎與樂焉則會同非渺
小之儀制矣不然者五瑞來輯而禮無以為鬐兆之休而樂無以治

家人之情將上下奚以維繫乎亦也眷懷彝典恍若遊享王之廟而見夫車書衣冠之集者則數奏明試之下渝皇皇乎無敢隕越也而能不念之然則此宗廟也會同也退想其時主祭于宗廟者閟山龍（旁側咒）俱與核不浮之爲奕助祭于太室者亦絲衣紑紑而隊將之士亦得以被服而（出岩麗）可觀彰文物之美臨軒而策命者冏冕藻之輝煌來同于京邑者亦爵弁之哉哉而班聯之士亦將以繼佩而生都人之光赤于是致念夫衣則元端之衣也質取其朴素而內敬外和固藉以昭明潔之志乎是致念夫冠則章甫之冠也義取其華飾而元首是重亦用以務含章之貞或于宗廟或于會同彼禮樂之形著原不必以其地而宗廟有

乖會同有事則端甫之彰身亦從容其各適一當此而小相或可為乎赤是以讀於穆清廟之頌𢦏見辟王之章而不禁慨焉以興也

是赤之口氣是赤之身分　瞿翀敎

宗廟之　孫

一　宗廟之事　四句

官 撫臺觀風取錄
安學一等一名　莊承祚

其華國才者且於禮樂之地焉益宗廟會同皆禮樂之地也小相之願
亦其有以酬知乎若曰今日者凡諸守土惟是徼福於先祖恃以無恐
其或二三兄弟姓來請成於是乎有禮也亦幾有羞焉而若且有辭矣
曰余不穀顛越周旋其何能無失雖然豎獨不有二三子焉其相之也
亦今茲學所以相之矣即如宗廟之有事之萃之奠致齋也想其時濟
醍在堂醴醆在户縣鼓在西應鼓在東犧牲者君也子大夫亦贊幣焉
其無敢懈特是曾孫告虔式禮莫愆誰主之矣紛若清廟之恭享惟肅
辟公旂陽陽而鸞央央相與率見駿奔以為天子綏眉壽介繁祉焉今
日者毋亦允我友邦樽俎在前玉帛在陛修舊好也或彌縫其闕匡救

其災珠槃玉敦之間有明神焉則會同若弁想其時七介以相見三
讓而後至其出入則歌肆夏焉能寡失君知其難也亢此若不有
相惟其何能𧫷彼禰也者其在天子於宗廟厥有詔相於會同厥有上
相者大宗伯爲之小宗伯佐之亦也謝敏矣念茲侯國中或有知亦
於方謂詔祝於室坐尸於庭曾孫齎者非幸則愆凡請來有刻勞者有
贈賄寡君須矣則亦則陵亦也於焉端章甫以相之宗廟或不至如蛟
傳於繼燭焉其乃謂明德以薦馨也於焉端章甫以相之會同或不至
如炎辭於投鑿焉與將謂寡君之刺禮也蠢至臨之在上質之在旁者
罔時恫而罔時怨亦亦惟是黍丁其後使曾孫有純嘏之錫固不敢同
此翔之法以降自東階升自西階若式相好而無相尤亦亦惟是辱在

其側使吾君成一獻之交亦何取耶曰此相之功小相之為竊有願焉爾

以俟之知者

原評

典雅

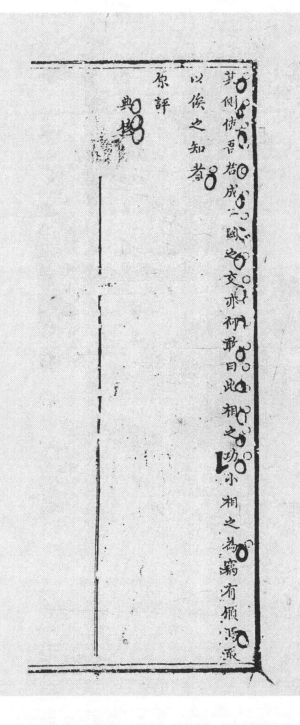

歲試漳浦縣學一等二名 陳益

宗廟之事 章甫

事有繫於禮樂者、制與服可並舉也、夫宗廟會同禮樂之地也、而元端章甫則所藉以行禮樂者、能勿計及之乎、若謂儒者幸生明備之後。雖不得躬與朝廟。而玉帛冠裳。未嘗不遐思其盛。豈敢謂布衣韋帶。窮居草茅。竟置尊親大典於不講也。亦未能而願學者、既在禮樂、則韎韋而談戎事。固非素心之所期。卑服而即田功。亦匪居恒之風。習夫不有常服黼冔助祭而及湯孫偉華和鑾承歡〔映下句有氣象〕而來萬國將事于宗廟者乎。無論莫大強藩。固韜志于几筵之會。即二三蕞爾。亦效能于蹌濟之班。儼乎禮陶而樂淑焉。雖今者忝

閩中校士錄　論語　漳州府

嚮非舊列辟自有其祼將而享祀春秋所為執豆籩以奔走者不
猶恍然其如昨歟又有如捧帛執纁間歲而朝方岳繁纓乘馬來（如題和佳）
庭而集京師從事于會同者乎微特彈丸下國固傾心于群后之
朝而雄長友邦亦聽命于王靈之濯濯乎禮節而樂和焉雖今者
菀栁與嗟共主莫行其威命而時見衆頫所為勤輦轂以馳驅者
不猶殷然其可念歟斯時也大典聿昭冠裳畢集草衣卉服難施
廊廟之間而軌物文章自具闕廷之内蓋束帶差覺其相宜輕裘
尚嫌其未稱惟夫章于身者衣用正幅不存偸窗之思色取象天（分鬚蚰切）
弗矜藻繢之采賁于首者義主尚文無襲毋追之陋道崇法古常

餘緇撮之風亦一諦思之而隱有端章甫之在我意中也則服此于宗廟而帶裳幅舄俱載明德之馨香服此于會同而紱佩旌旂咸近天威于咫尺亦也有志願為小相而赧知我矣都雅流罷畧不綴公西自道語以致遜下才法雙美

宗廟之事　陳

如會同端章甫

江蘇謝宗師月課崇明縣一名張詒

會同有事禮服宜昭矣夫會同事至重也端與章甫非所以昭禮服哉赤若曰國家之制敬祖而外首重尊王朝廷之儀序事之餘厥維辨服如宗廟之事事于內亦事于外事于祭亦事于賓則如大宗伯以賓禮親邦國大行人以賓客之禮親諸侯三重聽命六服皆朝九禁用申四時分至于以輯瑞陳籍圖物此事冠裳蹌濟佩玉雍容禮樂之大孰逾于此且夫亞獻入門三讓升階灌鬯具牢鼎所以効駿奔于宗廟也出警入告王齎福先公受咸劇祖所以洽神人于宗廟也今者肆夏尊矣百牢徹矣竟漫爾傷表

直省新科考卷　論語

裳之盛歟公侯矣邦文王矣亦儼然誇爲冀之光則試聖天子出

而修意修言修文修名修德暨方伯從而日祭月祀將享歲貢終

王行禮典樂發政尋盟斯時也侯甸男衛拱手聽命躬桓蒲穀璧

京朝正昔先王之制凡有志禮樂者咸衣元端冠章甫于是衣取

其裘冠取其法夫登歌陪鼎事亦擬于迎牲祝詔也執玉奉帛肆

不異于秉珪佐瓚也則夫揆乎取正則古從先輝首彰身理原一

致是以製異深衣袢分緇析照耀乎山龍藻火之旁而恭酌乎辱

升皇牧之度有王有林應規應矩在屾會矣士君子幸生明備與

人家國春秋既享祀不惑朝覲則夫子是乎翱翔容與彬彬禮樂

選也亦不敢頓廟廷有事願從諸相後

端莊雜以流麗故運經籍自不涉于堆砌而補撒天然文成法

立自是九轉丹成之候

直省鄉科考卷　論語

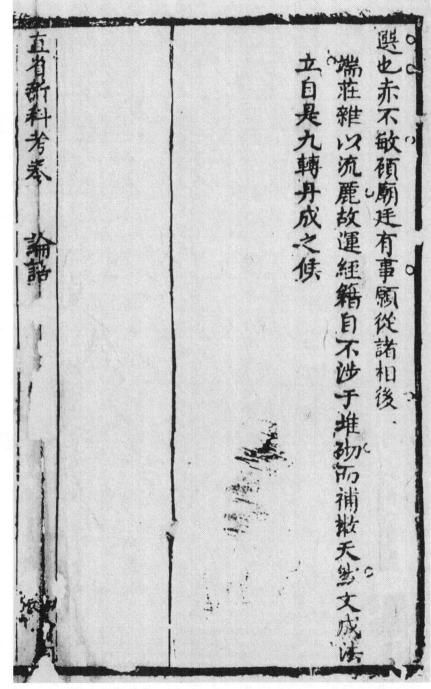

如會同　　張若潭

會同有典、賢者深致意于其間焉、夫爭孰有大于會同者乎、子華即以此見志其致意于其間也。為何如哉。且天下事之最重者。敬

○此○知○山○音○

祖而外厥為尊王。蓋先公之靈爽。固宜致其神明。而元后之尊嚴。尤當崇其翼戴。士君子出膺主知。未可置此事於勿問也。念自錫

○萬一[illegible]說入引起会同

○時見曰会

姓之始。閔不與天子而為伯叔甥舅也。豈無侵敗王略而有不庭

五○己○將○征○討○合○諸○侯○而○發○禁○此○發○發○禁○引○起○会○

之征。武所以有孟津之誓。成所以有岐陽之蒐也。而自受封之後已去乎王都而為侯甸要荒也。夫寧不式王命而來不供之罪康

○殷見曰同王不○巡○

○狩○六○服○不○朝○上○卑○為○壇○命○政○此○始○命○政○引起同○

所以有酆宮之朝。穆所以有塗山之會也。春朝秋覲。凡以述所職

也。然歲終則徧不過一服之諸侯為之圖事為之比功耳若夫會
鄭重分明
則為壇于外而六服咸在以發四方之禁其典視述職而更隆者
洗剔清楚
岱秋華凡以巡所守也然朝于方岳不過一方之諸侯為之協時
為之修礼耳若夫同則為壇于郊而百辟偕来以施天下之政共
刑用逆勢如字作勢
與視巡狩而更重而今何如乎歲問殷聘徃来無虚日矣如京師
朝王所執壤奠以修臣節者殊落落也三夏用享百牢是徵適成
逆切時事
傾危僭踰之習兵車之會非會也衣裳之會亦非會也帰賵錫命
王人且下聘矣盟首止戰城濮貢苞茅以賓王廷者終寂寂也礼
献公侯樂拜文王終非鳴奕龍光之盛反覆而盟非同執周欲而

盟亦非向也有如一日者菀柳無歌而周索不遷荒乎黍離聖天
子出而修意修言修文修名修德以仰承乎車攻聽洛之遺則赫
赫厥聲濯濯厥靈相與頌有道之聖人冽泉雖慨而同盟終邀重
于王官賢方伯出而日祭月祀時享歲貢終王以不忘乎魚藻裳
華之篇則小共大共小球大球相與凜天威于咫尺當斯時也賓
有好貨饔有陪鼎入有勞郊出有贈賄四方于此觀禮焉司樂展
鼓小師登歌司干授器旄人舞樂四方于此觀樂焉向使受王則
情發幣而後歌詩不類聞賦莫知不且貽不能相儀之恥乎哉設
有知赤者亦願束帶以往

典制備類初編　人集　朝聘　百十一　論語

清詞妙句炎絶煥景風雲起于行間珠玉生于字裡應是廟堂衣鉢。

附考

周禮大宗伯以賓礼親邦国。春見曰朝。夏見曰宗。秋見曰覲。冬見曰遇。時見曰会。殷見曰同。時聘曰問。殷頫曰視。大行人春朝諸侯而圖天下之事。秋覲以比邦国之功。夏宗以陳天下之謨。冬遇以協諸侯之慮。時會以發諸侯之禁。殷同以施天下之政。時聘以結諸侯之好。殷頫以除邦国之慝。間問以喻諸侯之志。歸脤以交諸侯之福。賀慶以賛諸侯之喜。致禬以補諸侯之烖。

附釋

三夏　晉侯享穆叔金奏肆夏之三不拜曰三夏所以享元侯也使臣弗敢與聞。

百牢　哀七年公会于鄫吳来徵百牢。

歸賵　隱元年天王使宰咺来歸惠公仲子之賵。注是王室交諸侯之始。

錫命　莊元年王使榮叔錫桓公命。此錫命之始。又文元年使毛伯来錫公命。成八年使召伯来錫公命。

獻礼　昭四年会于申王使問礼于左師與子産

左師獻公会諸侯之礼六子菀柳小雅篇名王者暴修立國語
産獻伯子男会公之礼六虐諸侯不朝而作旬服
者祭侯服者祀賓服者享要服者貢荒服者王日祭月祀時享
歲貢終王先王之訓也有不祭則修意有不祀則修言有不享
則修文有不貢則修名有不王冽泉曹風王室衰奢而小好貨
則修德序成而有不至則修刑囯國敝故作此詩
四語見左同樂周禮春官大司樂凡樂事大祭祀宿縣遂以聲
傳昭五年展之謂祭之前夕縣樂器遂即其聲而展省之
以卻小司贊大師者大祭司子掌舞器祭祀舞者既陳旌人掌
知否祀登歌擊折則授舞器既舞則授之教
奇樂之舞凡祭祀受王信十一年王賜斃修文九年其起振來
眷舞其燕樂晉侯命受王精聘執幣修叔孫惠
曰是必燎答鼓氏之不類歌古詩必從義類齊高原之開賦
賦其先君神弗福也詩不類見襄公十六年左傳
慶封來聘叔孫與食不
敬為賦相鼠亦不知也

# 如會同

安徽李宗師月課　桐城縣學一名　張若潭

會同有典、賢者竊致意于其間焉、夫事孰有大于會同者乎、予華（張）即此以見志其致意于其間也、為何如哉、（批大義凜然破去如字別解）且天下事之最重者、敬祖而外、厥為尊王、蓋先公之靈爽、固宜致其神明、而元后之尊、尤當崇其翼戴、士君子出膺主知、未可置此事于勿問也、念自錫姓之始、罔不與天子而為伯叔甥舅也、豈無侵敗王略、而有不庭之征、武所以有孟津之誓、成所以有岐陽之蒐也、（領會字精確）而自受封之後（鎖）已去王都而為侯甸要荒也、夫寧不式王命、而來不共之罪、康所以有酆宮之朝、穆所以有塗山之會也、（同字精確）春朝秋覲、凡以述所職也、

然竊終則徧不過一服之諸侯為之圖事為之比功耳若夫會則
二比分劃使合同之義較然列判
為壇于外而六服咸在以發四方之禁其典視述職而更隆泰岱
秋華凡以巡所守也然朝于方岳不過一方之諸侯為之協時為
之修禮耳若夫同則為壇于郊而百辟偕来以施天下之政其典
按切時事俯仰情深恰好吸出如字之神
視巡狩而更重而今何如乎歲問殷聘往来無虛日矣如京師朝
王所執瓖奠以修臣節者殊務也三夏用享百牢是徵蓬戚傾
色借喻之習兵車之會非會也衣裳之會亦非會也歸脤錫命王
人且下聘矣盟首止戰城濮貢方物以實王廷者終寂寂也禮獻
公侯樂拜文王終非舄奕襲光之盛反覆而盟非同也同欲而盟

然析同也有如一日者葦柳無歌而周索不遠荒于雍黍望天子

原批如字脫類

高華典核声光兼然

出而修意修言修文修名修德以仰承乎車攻瞻洛之遺則赫赫

如題前住

厥聲濯濯厥靈相與頌有道之聖人測臬難概而司盟終邀重于

屬对工整

王宮賢方伯出而日祭月祀祈享歲貢終王以不忘乎魚藻棠華

題後

之舊則小共大共小球大球相與凜天威于咫尺當斯時也晏有

盤折恰落去它

張批射下小相奕奕有神

好貨饔有陪鼎入有郊勞出有贈賄四方于此觀禮焉司樂晨聲

小師登歌司干授器旄人肄樂四方于此觀樂焉向使受玉則惰

薮幣而修歌詩不類聞賦莫知不且貽不能相儀之恥乎哉設有

知尒者赤顙束帶以往

腹笥便便。終非雜事。所雜者如字之前如字之後。費淂多少盤
桓。總有如此光芒四射。原批
即以兩君相見。列國同盟。翻出會同來。恰是天子之會。與後文
非諸侯而何對針。原本三禮出入左國。如此方爲裔皇典哉。勿
謂便便非雜事也。張宣四
前輩謂作是題者。俱是捕風說夢。以會同二字最難淂根捉精
確也。此篇字字皆經討核而出。而如字神情尤善追琢。允稱傑
搆。

如會同　張

# ○○○宗廟之事　四句

歲取牀城一等一名趙閬

志禮樂之事者、任之而若未遑焉、夫宗廟會同、事之重者、而顧之、小相、亦也其彬彬禮樂之選乎、嘗謂從古之所重在朝廟君人之制知先君親則尊祖敬王之際未始非儒生事〻俗尚以祭性〻謂自矧而從與吾國家將有大事而撫躬孤陋無以貢其於其間雖欲自附于君子之林庸可冀哉禮樂之事、亦豈自謂能、亦曰願學而已、夫人有能有不能若學焉而從其性之所近要未可以不勉也雖然、凡吾所為學亦極難耳昔者欲觀時代之典而不可得也于王制得太祖昭穆之所由分于祭法得郊禘宗祖之所由別于周禮大宗伯得朝宗覲遇之所由隆未嘗不穆然曰洋洋乎鉅典哉顧自度其身

試牘文卉　下論

微賤愈卑而不克致也然而竊有願焉夫事有其禁之莫敢舉也有
其舉之莫或禁也浚明之家亦有事於明禋然非天室之將享不得
以宗廟之事名之今日者明堂世室之典久矣鈔聞而念及于駿奔
則恍聞優見儼若有陟降在天之義也三事之屢亦不廢乎修睦而
非享貢於王庭不得以會同名之今日者時見殷頫之制或多未詳
而念及於輯瑞則天顏咫尺肅然見尊君奉上之思也斯時也[illegible]
黼黻由是而將也鐘鼓干戚由是而陳也貽[illegible]脤則[illegible]也問其冠則
章甫也尚非被服中和濡躬大雅而以躋厥堂班不亦[illegible]
趨廊廟之傍從容介紹之列雖于當年制作之精意未能悉窺底蘊
執博稽掌故棄窺闖小相雖微又焉容以不敏辭耶夫周其之

乎九廟是皇饗其小宗乎陵宮作漢先王將行於禘必簡服古之
成之岐陽西京之會同也宣之東攻東京之會同也先王將事於歟
右推遜稽之彥念我夫子入廟之禮必諭也祭人之樂必斤斤家[illegible]
章甫袞國咸欽赤也無能惟願學焉夫[illegible]

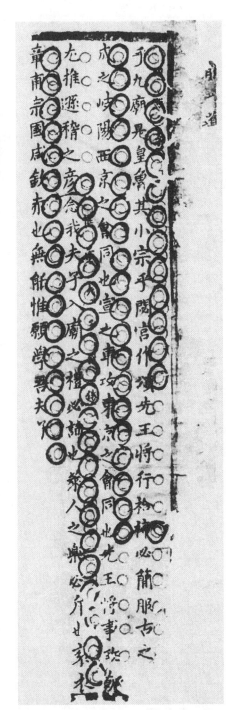

宗廟之事 四句　本姓徐 管昂發

國之事在宗祭賢者類以小相學焉夫宗廟會同禮樂備焉為小相亦欲以學之優者酬知乎且古之君子禮樂斯須不去故不必登廟堂之上而言而履之即禮也不必到廟堂之會而行而樂之即樂也亦願未之能也蓋禮樂之大者莫大乎以吉禮祀鬼神以賓禮親

（比清宗旨）

邦國凡以行於宗廟之中者也苟非有左右我者豈遂足以洽神

（筋挺精字）

人之知而講究乎之好哉亦竊願以宗廟之事學焉夫宗廟則內事也

（股會貞一樣）（用制章作規方）

而非外事也舉凡祔則不禘禘則不嘗嘗則不烝所以極等威之辨

（比論惟）

者亦則何敢與知惟是坐姓羞薦詔祝延尸不可不禮以秩之者其

　

事也夫宗廟之事則事神也而非饗賓也舉凡上治祖禰下治子孫
旁治昆弟所以竭人道之宜者亦則不敢與閒惟是昭穆昭穆並至
中下一桌不淆
拜既不可不樂以和之者其事也然而宗廟之事不但此也時享之
事於是而成賓客之事於是而擯如兩君相見而為會諸侯衆斯而
為同則三讓入門灌以鬱鬯三揖至階陳其牲牢莫不於廟將事焉
且出而造禰徼福於先公入而告至受成於烈祖亦莫不於廟肅事
焉然則論宗廟之事而及會同何莫非彬彬禮樂哉斯時也亨其前
樂而使神罔怨恫者則有相卿蒞祼大夫贊幣士執爵於以從豈乎
之景福則相之責於是乎重示其禮樂而使無漏脣越者則有相溯

上擯大夫承擯士紹擯於以合二国以成好則相之任於是而亦

也有志未逮願服[illegible]端冠章甫為其小焉者而已夫宗廟之內雖者

以參會盟之事貴有嫺言惧嘉貺之委草莽也則恭敬溫文然後柔

緩磬而干戈戰也祭以射礼而相為司為會同行燕礼而相為司正

恐典礼之遞慣越也則周旋登降何以咸儀攝而柔齊中也赤在夫

子之門久矣敢不以學爲請

從宗廟中串出會同而全以末句貫注其間蓋其操縱之力實能

驅駕典籍讀者勿徒賞其考據之精核也　武曹

凡驅使典故者須舉之以顯無則文勢不堆垛運之以靈機則題

宗廟之事　章甫

歲試漳浦縣學一等一名　蔡長淳

以禮樂為學者、念其地而思服其服焉、夫宗廟會同禮樂所在也、亦學在此、而肯以端章甫為異人任哉、其言曰、吾黨考禮訂樂清廟明堂之間、虛左以待我者久矣、苟習之不精、嫻之無素、而擬議於紳佩之交、折衷於綵弁之際、不亦晚乎、未能願學、赤竊有所念焉、夫國典亦多故矣、唯君有黼裘以誓省、重矣、裘也、如二子者亦既志之矣、赤也、將以布衣韋帶之士、進而處豆籩壇坫之旁、將以黃冠草服之身、躋之於格祖譜賓之地、則所重念者非宗廟之事乎、錫之土田、賜之圭瓚、煌哉苾芬之薦、格則其福也、否則其恫也、

伏、後、半、

黍稷馨香之下豈無僭越為憂而思盡其居歆奏假之誠者是神靈之所式憑而主鬯之所告虔也詩曰惠於宗公神罔時怨又曰濟濟多士駿奔走在廟其此時乎然禱祠祭祀供給鬼神與至涖矣而玉帛鐘鼓相與輝煌朝廟者固不止此如或當春秋之時天子有依宁之立我君載見求章而龍旂和鈴之際將必有平平左右之從者非會乎或值享玉之期萬國有朝宗之舉我君歲事來辟而條鶬鸞鳴之下將必有萋苴敦琢之旅者非同乎此其間穆穆雍雍為時見為衆頫較之合漢薦馨大饗殷薦者致不遠也詩曰赤芾金舄會同有繹其此之謂乎赤也念及此不啻身居宗廟

轉闕老

會同之中而適逢其盛也不學雜服不能安禮亦既講之有素矣當此神人洽慶之秋而服先王之法服豈無元端而山立時行可以驗身容之正也豈無章甫而實維在首可以觀頭容之直也念

襯筆多用之前半此獨在後布置既別文氣亦矯宕

丈夫慷慨談兵尚有貝胄朱祲以敵王所愾者且古之人税駕桑田猶有大布之衣大帛之冠以循行郊野察民間水旱災祲而康阜之況茲禮明樂備之交以治幽明以通上下又安敢服之不衷以自貽罪戾也哉循儀禮之數朝廟觀光習玉藻之章冠裳不越

赤誠一念及而不啻厠身其中矣

昔人論文有數行整齊處必有數行不整齊處要貴因題布置

非謂古文氣脉。僅恃此也。是作佳處。正在肖題。

宗廟之事　蔡

宗廟之事 章甫

福建黃學院歲試 蔡長淳

漳濤一名

以禮樂為學者念其地而思服其服焉夫宗廟會同禮樂所在也承學在此而有以端章甫為與人任哉其言曰吾黨有禮有樂青廟則堂之間嚴在以待我者久矣苟習之不精嫺之無素而擬議於紳佩之交折衷於緣弁之際不亦晚乎赤能願學赤竊有所念焉夫闕與亦多故矣唯若有補裘以警者重矣農也加二子若亦斷志之矣赤也將以布衣韋帶之士進而箴其籩壇坫之旁將以黃冠章服之身躋之於祫禘諸饗之地則所貫念者非宗廟之事乎錫之土田賜之圭瓚祼獻苾芬之薦格則其福也否則其恫也黍稷馨香之下豈無

隕越為憂而思盡其昭敬奏假之誠若是神靈之所式憑而主鬯之
所告處也詩曰惠於宗公神罔時怨又曰濟濟多士駿奔走在廟其
此時乎然禱祠祭祀供給鬼神典至渥矣而玉帛鐘鼓相與輝煌朝
慱開卷
廟者固不止此一如或當春秋之時天子有依宁之立我皆載見求章
而龍旂和鈴之際將必有平平左右之從者非會乎戎偕享王之斯
萬國有朝宗之樂我君歲事來辟而條鶬鶯鳴之下將必有萋苴數
琛之旅者非同乎此其間穆穆雍雍為時見為衆覜敉之合漢薦馨
大饗假薦者致不遠也詩曰赤芾金舄會同有繹其此之謂乎赤也
念及此不啻身居宗廟會同之中而親逢其盛也不學雖賤不繼愛

禮亦既講之有素矣當此神人洽慶之秋而服先王之法服豈無不端而山立時行可以驗身容之正也豈無章甫而實維在首可以觀頭容之直也念丈夫慷慨談兵尚有貝胄不設以敵王所愾者且古之人稅駕桑田猶有大布之衣大帛之冠以循行郊野察民間水旱災祲而康阜之況茲禮明樂備之秋以洽幽明以通上下又安敢服之不衷以自貽罪戾也哉循儀禮之數朝廟觀光習玉藻之章程著不越亦誠一念及而不啻厠身其中矣

襯筆多用古前半些猶在後布置既別文氣亦暢者

昔人論文有數行整齊處必有數行不整齊處要貴因題布置非謂古文氣脉僅恃此也是作佳處正在肖處　源評

近科考卷凌雲

與賂中具見踔越蒼古中彌見細密此文出使天下知通經學之為高功不在歐陽子下

宗廟　蔡

宗廟之事　章甫

蔡長淳

（先民破法不是患題）
以禮樂為學者言念其地而思服其服焉。夫宗廟會同、禮樂之所在
也。赤也學在此、而肯以端章甫為異人任哉。其言曰吾黨考禮訂樂
（已去俗塵三斗許）
而清廟明堂之間其虛左以待我者久矣。苟習之不精嫺之無素而
（只可如此最為得法）
擬議於垂紳委佩之交折衷於載弁俅俅之際不亦晚乎。未能願學
（恰好）
亦竊有所念焉。夫國典亦多故矣。唯君有黼裘以誓省重兵農也。如
（緊用正筆含題扣截不似他家另起爐灶老法）
二子者亦既志之矣。赤也將以章布草茅之士進而處豆籩壇坫之
（負水深得勝處）
旁。將以淺之朴率之身躋之於格祖諧賓之地則所念及者非宗廟
（散行筆古茂）
之事乎。錫之土田賜之圭瓚煌煌哉苾芬之薦則其福也否則其恫

名　論語

也黍稷馨香之前豈無閒哉爲處而思盡其居歆奏假之事乎撫茲事也神靈之所式憑而主鬯之所告虔也（首在風流）詩曰惠于宗公神罔時怨又曰濟濟多士奔走在廟其此時乎然（老法）禱祠祭祀供給鬼神典至渥矣而玉帛鐘鼓相與輝煌炳耀者不特此也如或當春秋之時天子有依宁之立我君（風調嫣然）載見求章而龍旂和鈴之際將必有平平左右之從者非會乎如或值享王之期萬國有朝宗之舉我君歲事來辟而鞗鶬鸞鳴之下將必有萋苴敦琢之旅者非同乎此其間雝雝雍雍爲時會爲衆顯較之合（東筆供驕古法）漢薦馨大饗殷薦者致不遠也詩曰赤芾金舄會同有繹其此之謂乎亦盍念及此不嘗以身居宗廟會同之

中而適逢其盛也不學雜服不能安〻之亦既講之有素矣當此神人

洽慶之秋而服先王之法服豈無元端而山立時行可以蹌身容之

看他正叙細〻一筆不洋溢高華

正也豈無章甫而實維在首可以觀頭容之直也念丈夫慷慨談兵

徑路絕而風雲通〻

尚有貝冑朱綅以獻王所愾者且古之人稅駕桑田猶有大布之衣

為一贊君行禮對揚光獻萬丈時手不能亦不敢也

大帛之冠以循行郊野往來井疆察民間水旱災祲而康阜之況詠

看他敘結鄒不費力

雞彝鶏鷺之交以治幽明以通上下委〻佗〻象服是宜豈不光遠

唯國初人有此結語

而自他有耀哉循儀禮之數朝廟觀光習玉藻之章冠裳不越亦誠

一念及而〻會厠身其中矣

氣能以古馭今局亦化板為活其聯絡映〻處皆有根據非沉浸

卷軸而運以機杼未易揮灑若此　原評

宗廟之事如會同　范永壽

朝廟為禮樂之鉅典、賢者神遊其地矣。蓋宗廟會同固行禮奏樂之地也。赤也與言及此，不已神遊其地歟。且夫[illegible]創之制作典莫先於清廟，川堂辭滿軸以登。廟制莫重於慕王歆祀，休哉禮樂之昭垂，固吾靈游心嚮往之者也。載詠蒸嘗，千載如昨；緬言玉帛，百世猶欣。遇合未可忽，與典章猶可溯，覽曰有志明備，而于朝祭之義，曾不為之深念耶。赤也須學禮樂，是將學於何地哉。禘祭行於宗國，雍詩賦於私家，我將我享之隆，於今難再矣。設有微包茅者起，爲則祭以祫，祭以嘗，禘廟有綴綸，詎敢怠宗伯太常之典蹟並

小題繡虎　論語

涖盟於中夏王臣下聘於隣封來享來王之盛去古云遥矣設有
微龢鑾者出焉則應門左應門右明廷有法物能不念車攻瞻洛
之遺試先以宗廟之事言之周天子隆孝享之文而歆五飲七異
鈎印纍痕
其數籩六餕八別其行亞獻三獻殊其候躬桓蒲穀之鼎集一如
也朝覲聘之贊幣也秩宗有命於此觀禮朦膄有奏於此覲樂西
京之法物猶循固令人屢屢可數者夫非度數之輝煌與我周公
修明禮之制而袞冕鷩冕殊其位司宗司祝分其任薦粢薦幣異
其儀子姓兄弟之趨蹌一如載見求章之聽命也祼鬯有儀禮莫
盛焉頖宮有歌樂莫盛焉東國之典型朱遂因令人亹亹不置者

夫非文物之炳蔚歟而猶未也闡之王者治定制禮十倫具備九獻雖脩而吉禮以事鬼神者尤必賓禮以覲邦國王者功成作樂九成告闋六變觀成而奏樂以衎列祖者亦必合樂以享群侯則有如會同乎朝覲宗遇四時間有常期而非會也時會以發四方之禁而群侯用命儀如駿奔於在廟焉夫禮陳圭璧樂賦彤弓嫺習未深豈易贊襄於壇坫也虞衛等而合時見之儀誰其備員將事而不至隕越以貽羞祀享貢至六服各有其次而非同也殷同以施天下之政而列辟來朝恍如對越於在天焉夫獻禮有六玉樂有三請求未至難言左右於獻酬也居常布而思衆賴之制誰

小題繡虎

其竟効馳驅而稟天威於咫尺歟在子也太廟著問事之誠夾谷成却兵之烈輝光所播久矣鼓吹休明而在赤也俎豆觀嘗聞之訓賓客蒙與言之素陶淑有年或者增光朝廟世有知赤者亦願束帯以從

上下截發鈎串渾成處處細密復饒溫雅之度　原評

兩向鈎貫情文相生郁郁紛紛疑星昭漢　頤拱菴

宗廟之　范

宗廟之事如會同

劉敬祖

賢者志存于禮樂之大而特舉廟朝之盛典焉夫宗廟會同禮樂之大者也赤也願學故言念及此昔先王功大治辯而制禮作樂以事鬼神以親邦國鉅典誠煌煌也儒者幸生明備之後肄業所及儀章著焉覺敬祖尊王数大事無日不往來于懷矣赤所願學亦願學于禮樂之地也今夫禮樂之大端有二曰廟曰朝王者立七廟而統名之則為宗祠禴嘗烝分四時以祀先王而且三年一祫五年一禘掌于宗伯者厥有六享自迎牲以迄送尸禮至詳也由堂上以及堂下樂必具也而要皆得以事格之詩所謂執事有

恪是也他若朝覲獻饗一本受命于祖之義以受于廟是敬其中

以帛筆作推闡不似他人多牽寫論

大議論大筆伙

者境內之象于以見傍見愾聞之忱焉于以見赫穀濯靈之盛焉

顧其義可通也其事各異也蓋國家自大祭祀而外則有大賓客

落下老

考之周禮朝宗覲遇有常期矣而如諸侯有不順服者王將有征

討之事則既朝王命為壇于國外合諸侯而發禁命事是謂會王

十二歲一巡守若不巡守則六服盡朝既朝王亦命為壇國外合

諸侯而命政是為同斯時也侯伯子男就旂而立躬桓蒲穀傳擯

說得嚴重

而升非如公合諸侯之禮侯伯子男會公之禮可比也非如兩君

一句一壯老筆

相見入門而懸興升堂而樂闋可貴也蓋其制與宗廟之事並重

矣嗟嗟蓼蕭湛露久賦私家徹上河陽下專侯伯禮樂之失也滋甚赤乃俯念生平抗懷賓祭而慨焉以興也

簡明典重筆墨間淵然有經籍之光其提束貫串皆老氣無窮

廖南崖

根柢三禮講宗廟會同字字典核不似儉腹人空簇浮華以筆端支架也行文亦簡古純粹典麗之色蠙珠之光彌覺可寶

顧景嶽

宗廟之禮

儲大文

孝著于宗廟當推其禮之所藏者焉蓋以祖宗治子孫則禮之藏也宗廟寔著之而孝亦可推于此矣今夫繼志述事其衆著于廟中乎夫由五廟以備七廟固有自少而多者矣由祖廟以考宗廟人有自合而分者矣其合也何以可傳百世其分也何以不外一本則武周之制祭祀又有當詳者祖一而已而宗無數也然而功德殊難稽矣（此說宗廟常制說）即概入宗廟而不可為數之中亦限以常數則禮由此有節焉廟七而已而世無窮也然則升祔殊易紊矣惟遞遷宗廟而不患其窮之（此說宗廟遞祔說）繼已起于必窮則禮由此常通焉夫且上治祖宗而子孫亦受其節

也夫。且上合祖宗而子孫亦會其通也。蓋常于宗廟之禮觀之。彼祖　○原批

爵之叙、之際、昭穆、

以孫傳孫。以祖屬禮之調停者也。而后稷始封自宜宗東向之位。抑

此不遷不祧者

去祧為壇去壇為墠禮之減殺者也。而群公世遠亦已從夾室之藏。

此祧廟之藏主

原此當晰今闡發

此子孫兄弟所肾宗也。若夫七廟之制王者繼起或循其禮而虛其

周家遠亦遷毀

廟或循其廟而滅其主。雖虞夏且當議此矣。而殷周世為君宗十五

祀二宗經

王而文始平之也。十六王而武始受之也。廟主循則廟中之禮亦循

際遍下斗

而天子之子孫同姓諸侯之子孫與不敢緦天子諸侯而别為氏族

最句發宗法妥

者之子孫脊于是則禮焉。丕者緦及疏世無尊卑而廟疑其當同然

使繁昭昭穆

位有後先而廟又疑其當異維衛尤負識之云。而永同世守宗盟矣

廣二國不得祖太王也叔仲二號不得禰也祧廟明則廟中之禮亦明而天子之諸父天子之兄弟自上總謂之兄弟而降在孫曾（原此分發詳明）者之兄弟胥于是考禮焉是故禮者體也禮者理也左不得專言仁而右不得專言義南不得時為陽而北不得時為陰者恭敬之本一（泰林）也及至禮詳合食而始祖正位焉而羣廟遷位焉而偏在始祖之後（敘於通於倫即以）（起下）子孫兄弟胥有位焉乃不惟恭敬而已而必以恭敬之實藹然秩然以節之者何也且不知其對待而疑乎或先乎父不知其定位而疑（系理）孫常班于祖者嘉會之幾微也及至禮顯合食而羣廟之主在焉而毀廟之主亦在焉而禰在毀廟羣廟之後子孫兄弟胥在是焉乃不

惟嘉會而已而必以嘉會之宜有倫有秩以通之者何也曰使之合而分之而仍合焉而昭穆有序也蓋在世室並列廟歟夾序夫亦愈知繼述矣

句之從祖宗之昭穆關動乎孫子之昭穆却仍乎顯位分寸不紊乃才大而法家也

宗廟之

儲

宗廟會同非諸侯而何　江恂

以諸侯明邦微會亦可決言也蓋唯諸侯為有邦亦唯諸侯得有
宗廟會同赤隱言之而夫子何不可決言之曉晳曰禮分地建國
王立七廟諸侯立五廟凡以正厥宗也六年五服一朝又六年王
（古色蒼鬱）
乃時巡豫是比年三年詳其制聘問好會繁其文今我魯泰山天
子明堂在焉諸侯朝宿之地亦在焉雖家蓄闇好之志乎卒未聞
（已破題開）（老勁）
鄉大夫以下有敢干大典以自取戾者今夫周礼在魯而魯事日
（宗、廟、会、同作、翻、死、之筆、力、欲、揚先抑法）
非可奈何八佾之舞且於庭也歌雍之徹竟於堂也蓋不獨公廟
立於私家足以動僭上之慨已他如盟拔盟句繹會桐會鄟皆內

大夫主之諸侯之事不幾假而竊之也耶然假之耳竊之耳不得謂宗庙會同之政其柄可下移也吾轍環偏天下之齊之楚之陳之蔡之衛至是邦必聞其政酌朞月更歴三年無非欲還此宗庙會同之分於諸有邦俾克蒸彼祀事煇蓊玉帛而俎豆之事僅一答夾谷之會僅一襄近且田氏將擅齊矣三卿勢分晋矣退老洙泗載筆以從春秋一書考官食角必謹主兵首禍必謹凡欲與諸弟子共明此義也點也試就赤之言一再繹之路寢孔碩新庙奕奕斯諸侯之宗庙也耶非然者而何也禹會於塗山執玉帛者萬國而服爵弁者不與焉舜覲曰岳班瑞以同群后而七友来交未

闕在揖讓之數、斯。諸。侯之會也耶。斯。諸。侯。之。同。也。耶。非。然。者。而。何。也。非。然。者。而。何。也。

水。到。渠。成。 警。

古色蒼然。是秦松漢柏。非灼灼桃李花所能比德也。雷翠庭先生

體格在周秦之間 魏亭午

典重處有謨誥氣。搖曳處有風雅氣。老而潔。古質而生動。典型不佻千年俎豆之文。

附考

周礼春官。大宗伯以賓礼親邦国。春見曰朝。夏見曰宗。秋見曰覲。冬見曰遇。時見曰会。殷見曰同。時聘曰問。殷頫曰視。秋官大行人、春朝諸侯而圖天下之事。秋覲以比邦国之功。夏宗以陳天下之謨、冬遇以協諸侯之慮。時会以発諸侯之禁。殷同以施天下之政。時聘以結諸侯之好。殷頫以除邦国之慝。間問以諭諸侯之志。歸脤以交諸侯之福。慶賀以贊諸侯之

嘉、致禬以補諸侯之裁。小行人協九儀賓客之礼。
朝覲宗遇会同君之礼也。存頫省聘問臣之礼也。

附釋

七廟五廟 礼王制天子七廟、三昭三穆與太祖之廟而七、諸侯五廟、二昭二穆與太祖之廟而五、

六年五服一朝 書周官六年、五服一朝、又六年王乃時巡、考制度于四岳、諸侯各朝于方岳、大明黜陟、

盟拔 春秋定公三年、冬仲孫何忌及邾子盟于拔、

盟句繹 春秋哀公二年癸巳、叔孫州仇仲孫何忌及邾子盟于句繹、

會相 春秋襄公十年春会晉侯宋公衛侯曹伯莒子邾子滕子薛伯杞伯小邾子齐世子光会吴于柤、

會鄫 春秋哀公七年、夏公会吴于鄫、

夷谷之會 春秋定公十年、会于夹谷、傳公会齐侯于祝其寔夹谷、

田氏 胡傳秋七月庚午、田氏簒齐、六卿分晉三家専魯、魯理固然也、

考宮 春秋隱公五年、考及仲子之宮、

食角 春秋成公七年春王正月、飈鼠食郊牛角、改卜牛、飈鼠又食其角、乃免牛、

路寢 見詩魯頌、

禹會于塗山 史記東巡会諸侯于塗山、

班瑞 書舜典班瑞于群后、

宗廟会同　四句

吉文宗科試漳州庠一等一名廩黃周章　俊卿

礼係於侯邦則言小相者赤以示嫌也夫非侯邦曷有宗廟会同之事乎赤之言小相特以鳴謙耳而奈何以非邦疑邪嘗聞圭瓚錫而始鬯信圭執而入覲誠為有邦者重而優於其任者所以遜朝未遑耳若乃以撝謙之詞遂疑非侯国之執守則宗祧之祀典與歲聘之廷見固已彰彰可考而贊襄之人又安得卑視而玩忽之耶乎乃獨赤為非邦乎夫赤亦以謙言小相之故而非侯国之所有事也雖然必謂赤為非邦則是黃琮蒼璧之設非諸侯亦得陳其器時見衆頫之典非諸侯亦得與其班然掌故所藏固有可考

而知者。蓋宗廟会同非諸侯將誰屬。事関宗祏之世守。不必於毀
廟之時奉牲以告。而始知其為有国。即青絃秉耒之初而圭包者
為誰。國已先在。典籍乃以是為非邦。則是雖彝龍勺不必屬諸
分茅公桑蠶室不必係諸啓土而後可非然者胡為五廟之制。備
極陰似而猶疑其非邦也哉。礼屬尊王之大典。豈必於驗濟之会
執贄以陳。而始知其為有国。即明堂望幸之日而職守者何人。固
已貽垂於史冊。乃以是為非邦。則是時見以癸禁者。不必有寶玉
之分殷同以施政者。不必有介圭之錫而後可非然者胡為六服
之朝典屬尊嚴而猶疑其非邦也哉。若然。則亦之[illegible][illegible]將亦始

爲諸詞耳。而豈有大於是者乎。猶是雍容於酒醴笙簧之際。而出以卑遜之詞。則不啻舉侯國之鉅典。而以末僚商榷于其間。以為小亦誠小矣。然儼見愼聞之間。無踰倚以告虞。鵷班鷺序之列。無隕越以貽羞。則實以風雅之才。爲華國之器。舉介銘之折衝樽俎。豈遂駕乎其上。均是周旋於黼黻文章之會。而本諸揖讓之精。則不啻舉列侯之大休。而以下吏恪共於其旁。以為小亦何妨言小矣。然賓臨在上。昨祁庶司以將事。對揚王休之頃。有小臣以明敬。則實以交衆之姿。樹恒流之望。與擯相之揚休。玉帛豈能究乎其前席。是則黜之疑非邦者。亦可釋然矣。而由之見哂。誠以率爾

敬也

下論

宗廟會同

安徽梁宗師歲試
休寧縣學一名　鄭　牧

志在於為國者當即其所願學者而繹思焉夫赤之志在宗廟會同此赤之所以為國者也而點乃以非邦疑赤之宗廟會同也哉且士生三代以下之氣運必不屑為三代以下之人材故嘗於其敦和別宜之際以觀其所以對越不違者何如試為之設身以處焉當之者則固已偶乎遠矣如赤之志在宗廟會同而點問以為非邦也猶之乎問宗廟會同之何莫非為國也云爾猶之乎問宗廟會同之以為國何以不哂也云爾斯時夫子蓋將明著其說以悟夫點而又不欲更易一辭以異於赤也萬就其所云宗廟者而

映題大方

端若態精作低昂

虛沖瑒躍

以為宗廟爲而已矣就其所云會同者而以為會同爲而已矣勿
曰願耆學士之搢笏垂紳借王者之時祀間祀而倍警則有不必
於宗廟而一如乎宗廟者即如丁未之祀群后入廟以駿奔戊辰
之文王實殺禋而咸格矧彬彬乎大宗伯之所掌而非僅大宗伯
之所掌也則赤之所云宗廟也勿曰志廣吾儒之章身華國借王
者之時見衆頫而加惕將有不必于會同而一如乎會同者即如
外朝之設孤卿左右以棘而就班明堂之制侯伯東西以門而列

鈎勒路無

位矧煌煌乎大行人之所職而非僅大行人之所職也則赤之所

宗不靈活

云會同也盍齊莊而能肅者宜相祀篤雅而有節者宜使擯固赤

之優爲游焉而自得夫性情學問之真而俎豆之事與吾黨同之賓客之礼與二三子學之雖赤之可以獨信共信而無辭於揖讓雍容之致（对針滑皆）且夫大人舉礼樂則天地為昭彼於理既观其通即宗廟會同而被以同和同節之名而初不為過（推進一層醒酸深峭）君子即身声而律度以協彼於中已見其本此宗廟會同雖衡之化均治一之分而猶得其平而點乃以非邦疑之試思此非諸侯之事而誰之事也哉夫諸侯則所謂為国也

靈心妙腕体會入微而健筆凌雲才情更極煥發　顧丹林

神超象外妙入環中題脉題神處處符合彼率意填砌自誇典

博者急宜奉為換骨靈丹。龔欣書

宗廟會　鄭

定公問君使臣

江蘇夢學院歲試　蘇州府學一名　沈杲之

用聖者詢及所使意不專在抑強臣也夫定公能用孔子是知賢之君也知賢者而問使臣之道豈沾沾為權臣計哉春秋時有君而無君者莫如魯祿已去政已逮非惟勢弱亦御臣之道失宜急急焉挽覆墜是擢絀聖人新用事不為之固結其意氣即無以削奸人之黨而伸君子之權則一堂諮詢間有微意焉既自魯之棄賢久矣惟定公能用孔子可謂善知人者凡二三臣工亦何不可使之有獨念當日禮樂征伐誰幷不在大夫而在陪臣陽貨公山輩竊寶器據私邑君且不得而臣之安問乎使且定公係變故之

原評使臣是主意

原評使聖臣又是主意

斷制老

時為君更难。鸜鵒來巢。乾侯致敗。喪君而有君。微夫人之力不及

東評此段是权臣之难

此。昭公出奔後。主憂臣辱。身各死於齊。有下家覊弗能用。季孫叔孫孟孫輩。寔惡為奸。君也而可逐。何以君為。今入承統緒。或者振解墜。用雪先人之恥乎。雖然文公之後歴成宣襄昭凡五世。視其主若弁髦。吾料三桓之盛。定公決不能鋤而去之也。雖問焉奚補於

勒。原評。而段。摶開。如。、鋳。

魯。自古人主之為國也。臣而奸也。使之固难。臣而圣也。使之更难。姦雄用事之時。無術焉以駕馭之。則逆其勢以相凌。驕悍焉而不可治。圣賢當國之日。無道焉以縶維之。則懐其才而不試。决去焉而不可留。定公十四年。時季桓子㟁政。薦孔子於朝。正見行乎之

仕也。蓋嘗論士平知己之感。千載乃一遇焉。幸而遇之。往往人[illegible]
格相待。輙謂然自矜曰。吾善御材。所謂身之使臂。臂之使指。（原評：題是使臣之准）蠢安
在耶。闚古賢君之風。亦可少愧矣。夫如是。公安得不問。在昔夫子
攝行相事時。進司空。躋司寇。隳都出甲。會夾谷。卻萊兵。吾道大行（工于游旋主）
之機。生平未有如此者。定公之待臣也。甚厚。然而權臣必不能容
則必陰有以沮之。俾不得終其使。以速其去。固不待受女樂而簡
賢慢士。定公殆預防其漸也。故曰定公之問意。只專在三家而在（原評：收束全篇）
吾孔子。迨至燔肉不至。脫冕而行。禮貌衰而去。所謂以君之禮激
臣之忠者。亦僅托之空言之悲夫。

考卷文翰　論語

寶嵒書屋課録

原評

擾拏天矯愛敬古籐濃李夭桃雖可悅目終不免脂粉氣耳

骨力開張議論縱闢而復卆于古者涵筆意俱峭宗入化必具

此高人識力方許作剏鮮文字

定公問

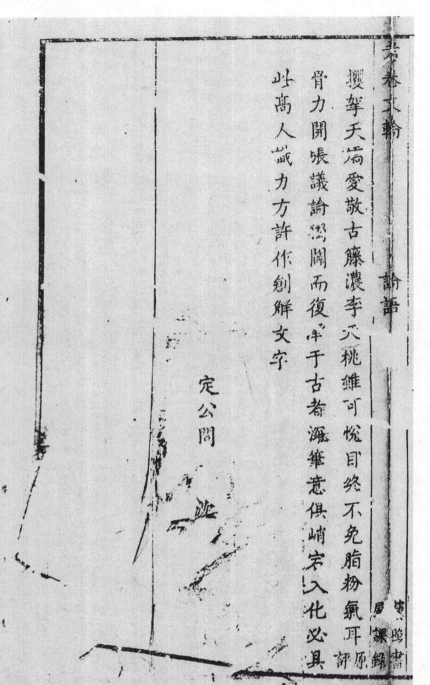

河海之於行潦

招覆林輝高

知聖者志在流水亦極大小之觀焉夫言水固必及河海而行潦亦未始非水也有若所以復擧而並觀之今夫觀於海者難為水則海之外將並忘有河況與河海大相遠者哉抑知分而觀之則為水者有巨細之別若合而觀之則凡生於天一成於地六並托於根而不限中者胥足動溯洄之念焉則豈特泰山之於邱垤與麟鳳鳥獸而並擧哉夫山下出泉山寔水所自出由是導自積石至于孟津者則為河而河流寔注於海一言河海則伊洛瀍澗以及濟漯諸水皆不必言矣而又安論夫無原之行潦哉然言水而必言行潦則試思

行潦能百川注之而不盈乎尾閭洩之而不竭乎行潦能澄清獻瑞
而卜氣運之將亨乎能肆激盪之奇仙台而觀者嘆涯涘之莫測
乎且行潦能使龍馬負其圖七鵬奮其翼而飛者走者咸聚於其中
乎能使龍門底柱挺水上之雀嵬方丈蓬萊聳波中之峯巒而卷山
若堙實並峙其內乎則攪茲滉疊濯泥者挹注焉而涸可立待果曷
足與河海比量耶抑知河海水也行潦亦未始非水也言行潦而不
及河海不足知水之大言河海而不及行潦並未能觀水之全則曷
不並舉而連及之曰河海之於行潦屨青州之域知河海與泰岱□
亟則言河海昔可即繼于泰山乃泰山靜而河海動不相蒙也惟□

海動而行潦實與之俱動則並而舉之而盈科而進盛嘆逝者之如
斯歷邨原之地見行潦與邱垤繡錯則言行潦者可即比于邱垤然
邨垤峙而行潦流弗相肖也惟行潦流而河海㝎來以俱流則連而
反之而源委相承群信百川之底注且也河本星宿以發源海隨晦
朔為消長固共震其淜湃之勢也茲勿論淜湃之勢但觀其潤下之
北則即坳堂杯水亦若分瀠演之餘波也而何況于行潦河本崑崙
祭川必先焉海為天池百谷朝宗焉固莫擬其淼茫之象也茲勿論
淼茫之象但觀其蕩漾之形則即一勺一多恍疑為尺水可與波也
而何遺夫行潦是故伐檀有咏嘆河水之清漣若廣而推之則固不

徒詠清漣也可旋為之歌洞酌聖王在上驗海波之不揚若考而通
之則海波可以占聖上即潢汙亦可以羞王公而何疑其有不類乎
抑又何疑于聖人之於民乎
九天之雲下垂四海之水皆立其中魚龍百戲何者疇不嘆巨
觀也

河海　林

河海之於行潦

徐祖澄

終然河海以為則亦自大而及其小焉夫水莫大於河海豈容作行潦觀乎而知行潦乃益知河海則雖相懸也而可統論之有若以為人苟尚論古今而[illegible][illegible]卓識則所見狹小幾與以測視河以蠡測海等耳雖然天下之形勢不齊深者見深淺者見淺間嘗別淺深以表異亦可合深淺以並衡有麟鳳泰山之側吾更即河海而一徵之今夫四瀆以河為宗百谷以海為王觀水而不於河海猶之不識麟之長百獸鳳之長衆鳥與夫泰山之秀甲天下也雖語之以聖人首出清晏呈祥王者山川原委咸稱亦能乎若迷耳

何則不與之博觀河海無以極四瀆之洪濤攬九州之巨浸也且夫人間有終身不涉河海者未有一日不識行潦者河海為大壑行潦其細流也設也酌行潦之水投諸河海泄之尾閭歸之天墟已不復為行潦矣（瀉之於二字要空虛議的確不磨）又令揚河海之波注諸行潦進而輒盈流而輒竭豈得指為河海乎則由河海等而下之至於行潦勢若相懸萬萬也此其說固然雖然經物必於其倫則觀水者拘而來化立說（旋隋湘精）不參其變則臨流者泥而鮮通今將以行潦視河海則行潦散而（複竹開華古奧開第）「海聚也所以位置河海天實為之以河海視行潦則河海恆而（提綴之也二字欲下未下）行潦暫也所以得成行潦亦時遣然耳顧使指涓滴之水而曰水

専在是倘遇夫停而為淵流而為川已不免一望而神驚矣知行

（忘○倘○出○類○意○）

潦而不知河海非真能見河海者也抑使指浩淼之水而曰水盡

（迴曾旋折生發不窮）（出○類○）

若斯倘非其瀦而為澤滙而為瀆即以為一覽而易盡矣見河海

（正○側○轉○中○見○筆○意○筆○轉○）

而不見行潦豈果深知河海者哉吾故即麟鳳泰山之例而推之

渾渾無涯不必生望洋之歎也又即獸鳥邱垤之例而推之涓涓

不絕豈真昧立涸之幾乎惟行潦若分河海之潤亦惟河海常澌

（拖○下○類○也○并○出○類○意○亦○引）

行潦之流析而觀之不若統而衡之有如河海之於行潦

雋氣鬱盤曲折瘦硬　彭雲樹

切定題旨清辯滔滔不着一水　王杰語

文境絕趣　孔鶴臞

朗如秋月清似寒潭筋節通靈九體無一滯筆 張楨餘

丁氣揮洒風骨珊珊鶴唳秋空川此清聲 兄崇沙

# 泗

蘭藻集　朱堂

有助淮為患者排之而與淮俱靖矣夫泗不入淮則助淮為患泗既入淮則與淮共治非排之之功曷克臻此若曰予邳人也嘗慕泗水之風登泗水之堂仰沾聖德俯視波流欣然懷淑艾之私而回思禹跡又足令人慨想其用心之勞遺澤之遠也淮既排矣則有與淮而共排者非泗也耶考禹貢徐州之文則曰淮沂其乂而未及乎泗若當日幾無事於泗也又曰泗濱浮磬若但誌其可貢之物也又曰浮于淮泗若惟淮是乂而泗即可達貢道也抑知泗固與淮而為敵者且夫徐之受禍於泗與受禍於淮等而實泗之禍又甚於淮何則淮本發源於豫下遝於

徐源長則勢必殺而所以左衝右激熾禍於徐者大半泗為之
助也不觀泗之所以名泗乎大凡泉之出其源則一而泗獨有
四勢之洶洶可知矣而況為泗助虐者又有沂而沂亦有四其
一自尼山西北來經魯雩門西入於泗其一出黃孤山其一出
武陽之冠石山俱稱小沂亦入泗其最大者自蓋邑之艾山南
流之下邳以入於泗夫泗之為害横矣而助之以沂且不止一
沂則其為害愈横沂助泗泗助淮徐之民幾何其不胥而為魚
乎予又按其輿圖訪其支流知助泗者且不僅沂也鄒山之東
有漷水焉經邾魯之界以入泗曲阜之東南十里曰逵泉者出
平澤合沙溝共流數里以入沂自沂而入泗且繞徐之境凡二
十有二泉不入泗者僅一入泗者五合沂而入泗者十有六泗

之為禍其不甚於淮也耶乃今睹泗水之安流祇知其發源於魯之卞邑桃墟之陪尾循西南流過彭城又東南流過下邳始入淮謂其岸深水淺幾忘禹排之之功夫自泗入淮則凡入泗者皆入淮凡自沂而入泗者亦皆入淮然則排泗即以為排沂可排泗即以為排徐之諸水可且排泗即以為排淮亦無不可是時而後蒙羽其藝東原底平草木漸包徐之民始可云耕也非大禹之勞心將慮昏墊之不暇而暇耕乎

# 泗而注之江

俟雅集　朱慶元

使泗而尚未排也則不能以注江者注海矣蓋泗與淮近而實合汝漢而入江者也不排其勢以注之江者注之海則南條之水不平、書有之東會於泗沂東入於海此言淮之會泗以入海非言禹之勞心於泗水也夫泗不入淮則徐州之水未平泗不入淮以歸江則朝宗之象莫卜是故禹之治水必終就去江最近者治之而南條之水以治汝漢決矣淮水排矣南條之水遂治乎未也今夫南條之水江為大欲治江莫如使江歸諸海欲江入海莫如統諸水而注之江控江之上者有漢當江之南者有汝有淮而其並汝以助淮為害者則尤有泗余嘗過下縣西北遥見樹林陰翳巍然在望者陪尾也峯回路轉漸聞水聲潺湲瀉出於陪尾之山者泗水也其源有四四泉俱導因以名其為水也本青岱之大川通徐揚之貢道出桃墟連洙水蒙有灘入之大野有涕合之曲折迂回亘數百里西南過彭城東南過下邳界直走鳳陽與淮水會焉書稱泗濱浮磬與淮夷濱珠並傳又曰浮于淮泗故知泗與淮匯其去江最不遠其趨合故其流急其地遥故其浸溢排淮不排泗則懷襄終見於徐揚之路惡能注之江乃自今思之而後嘆禹之明德為甚遠也嘗試驅車經維揚界土人為余言神禹命庚辰童律鎖水怪巫支祈後復以其服百靈戮防風神勇排泗水而東下之泗於是得以入江維時泗上之田可藝泗州之賦胥成固不獨汝墳士女漢廣

遊人。淮海之賈者居者相與慶安瀾。頌其大也。蓋南條之水治矣。抑又聞之。泗水入淮有三道。其一由邗溝注江。或曰非也。泗由瓜州注江。或又非也。泗由盱眙六合天長注江。予嘗考其川源。按其圖記。升高以望泗水之流。欲求大禹當日排泗之所。而父老皆無能道者。蓋今古滄桑之感。固自有同有不同也。然而禹之心則勞矣。